1단계
저학년 추천

초등 문해력이 탄탄한 아이의 비밀

최나야 · 정수정 지음

엄마표 책동아리 실전 독서 워크북

로그인

인사말

책과 함께 문해력을 키워갈 어린이에게

안녕? 반가워요!

여러분은 책을 좋아하나요? 책은 왜 읽어야 하는 걸까요?

'책 속에 길이 있다'라는 말을 들어 보았나요? 이 말에는 어떤 뜻이 담겨 있을까요?

제가 처음부터 질문을 많이 했죠? 여러분을 당황하게 만들려는 게 아니라 생각하게 만들고 싶어서 그랬어요.

인간이 똑똑한 동물일 수 있는 건 우리 머릿속에 있는 뇌 덕분이에요. 하지만 그 뇌는 우리가 열심히 생각을 하지 않으면 별로 쓰임새가 없답니다. 그리고 생각을 열심히 할수록 더 훌륭한 뇌가 되어 우리에게 평생 보답하지요. 책을 읽으면 뇌의 전반적인 부위가 운동을 해요. 달리기, 체조, 수영 같은 운동을 하면 우리 몸이 날렵해지고 멋진 근육도 생기는 것처럼요. 그러니 책을 읽으면서 생각을 많이 해야겠지요? 어른들이 요약해 준 내용을 그대로 받아들이거나 문제만 풀어서는 스스로 읽고, 쓰고, 이해하고, 생각하는 힘, 즉 문해력을 기를 수 없답니다. 우리가 멋진 사람으로 살려면 꼭 필요한 힘인데 말이에요.

그래서 이 책을 준비했어요. 책을 함께 읽은 부모님이 옆에서 멋진 질문을 해 주실 거예요. 그 질문이 여러분의 생각이 점점 탄탄해지도록 도와줄 거고요. 책을 읽고, 이야기 나누고, 질문에 답하고, 글도 써 보세요. 이렇게 꾸준히 연습하면 초등학교를 졸업할 때쯤에는 스스로 질문하면서 책을 읽는 독자가 될 수 있답니다.

질문에 급하게 답부터 채워 넣지는 마세요. 먼저 생각을 많이 하는 게 중요해요. 그리고 친구들이나 부모님과 이야기를 나누세요. 그렇게 말하고 듣는 동안 정리된 생각을 활동지에 쓰면 문해력이 쑥쑥 자라나고 자신감 넘치는 독자가 될 수 있어요. 책동아리와 함께하는 여러분의 출발을 응원합니다!

최 나 야

도서관과 함께 꿈을 키워 갈 어린이에게

어린이 여러분, 안녕하세요?

많은 친구들이 말해요. "도서관은 놀이터, 쉼터, 보물창고다."라고요. 여러분도 그렇게 생각하나요? 동네에 놀 곳이 없다면, 함께 놀 친구가 없다면 도서관으로 와 보세요. 책과 친구, 그 밖에 다양한 무언가와 만날 수 있어요. 친구들과 함께 도서관에 자주 찾아와 주면 좋겠어요.

도서관은 여러분이 자라면서 겪게 될 어려움에 슬기롭게 대처할 수 있는 지혜를 알려주는 책들이 모여 있는 곳이에요. 도서관에서 문화를 누리고, 과제도 하고, 다른 사람과 소통할 수 있지요. 좋은 책으로 둘러싸인 도서관에 발을 들이면 글을 읽고 이해하는 능력과 생각이 쑥쑥 자란답니다.

어린이 여러분은 책 읽기가 무엇이라고 생각하나요? 선생님은 '만남'이라고 생각해요. 책을 읽다 보면 수많은 만남이 생기기 때문이에요. 책을 읽으면서 시간 여행을 하고, 역사 속의 인물들을 만나 인생의 조언을 듣기도 하지요. 또 책동아리로 마음이 통하는 친구들을 사귈 수도 있어요. 친구들과 책 한 권을 함께 읽다 보면 꼬리에 꼬리를 물고 다른 좋은 책들을 만나게 될 거예요. 책갈피 속의 무수한 만남을 통해 세상 보는 눈도 깊어지고요.

여러분들이 자라면서 세상 모든 일에 호기심을 잃지 않았으면 좋겠어요. 도서관에서 호기심을 해결하고 답을 찾고 틀에 얽매이지 않는 자유로운 생각 속에 꿈을 키우고 놀며 성장하면 좋겠어요. 여러분의 성장을 위해 실패와 도전은 계속되어야 해요. 도서관에 오가며 책을 읽고 다양한 삶을 간접 경험하고, 도전 정신도 키워 보세요. 여러분의 꿈을 응원하고 도와주는 사서 선생님을 만나러 오세요. 도서관에서 기다릴게요!

정 수 정

이 책의 활용법

'책동아리'라는 말을 들어 본 적 있나요? '책동아리'는 친구들과 함께 같은 책을 읽고, 읽은 책에 대해 다양한 대화를 나누는 활동을 하는 모임이에요. 이 책으로는 학년마다 총 스무 번의 책동아리 활동을 할 수 있답니다. 앞으로 우리는 총 마흔 번의 책동아리 활동을 하게 될 거예요. 여기에 나와 있는 책 말고도 평소 내가 읽고 싶었던 책이나 이미 책 중에 정말 재미있어서 친구들에게 소개하고 싶은 책이 있다면 책동아리를 진행하는 부모님이나 선생님께 말씀드려 보세요! 책동아리 활동이 훨씬 재미있어질 거예요!

1 활동 도서 소개 페이지

책동아리에서 함께 읽은 메인 도서를 소개하는 페이지예요.

이 책에 대해 별점을 매겨 보고, 다른 친구들에게 이 책을 추천하고 싶은지 생각해 봐요.

좁쌀 한 알로 정승 사위가 된 총각

책동아리 모인 날: 년 월 일

책동아리 친구들과 모인 날짜를 적어요!

#지혜 #소신 #용기
#작은 것의 소중함

원작 박영만
글 배서연
그림 전갑배
감수 권혁래
출간 2012년
펴낸 곳 사파리
갈래 한국문학(옛이야기 그림책)

나의 별점
이 책은 어땠나요?
완전 추천! / 괜찮아! / 조금 아쉬워!

간단한 서지 정보와 함께 이 책에 담긴 주제를 해시태그로 보여 줘요.

📖 이 책의 줄거리를 떠올려요

옛날에 한 총각이 좁쌀 한 알을 소중히 품고 서울로 과거를 보러 떠났어요. 밤에 주막에 묵으며 주인에게 좁쌀을 잘 보관해 달라고 부탁했지요. 이튿날 아침, 밤사이 쥐가 좁쌀을 먹어 버렸다고 변명하는 주인에게 총각은 쥐라도 잡아 달라고 해요. 다음 날 밤, 총각은 다른 주막에 들러 생쥐를 맡겼지만, 고양이가 생쥐를 잡아먹고 말았어요. 총각은 주막에 묵을 때마다 자신의 소중한 것을 주인에게 맡겼지만, 누구도 총각이 맡긴 소중한 것을 제대로 간수하지 못했어요. 이렇게 고양이는 개가 되고, 개는 말이 되고, 말은 소가 되고……. 주막 주인 아들이 총각의 소를 정승 집에 팔아 버리자, 총각은 정승을 찾아가 자기 소를 내놓으라! 당당히 호통을 쳤고, 정승은 총각의 소신과 당당한 기세에 감탄해 자신의 딸과 총각을 혼인시켰대요.

줄거리를 되새길 수 있습니다.

2. 책동아리 활동지

책동아리 모임을 진행하는 부모님이나 선생님의 말씀에 귀를 귀울이며 독서 활동을 해 보세요.

처음부터 서둘러 빈칸을 채우지 않기로 약속해요!
해당 질문에 대해 곰곰이 생각해 보고 친구들과 가족, 선생님과 대화를 충분히 나눈 뒤 천천히 쓰세요.

글씨 쓰기 싫은 날에는 대화만 나누어도 괜찮아요.
대신 서로의 이야기에 귀 기울여 들어 주세요!

우리 책동아리를 소개합니다

책동아리 이름

책동아리 결성일
　　년　　월　　일

책동아리 멤버

1. ……………………
2. ……………………
3. ……………………
4. ……………………
5. ……………………
6. ……………………

책동아리 _____ 만의 규칙

1.
2.
3.
4.
5.

차 례

인사말 02
이 책의 활용법 04

Chapter 1 1학년을 위한 책동아리 활동지

- 이야기 주머니 이야기 10
- 베로니카, 넌 특별해 14
- 의좋은 형제 18
- 팥죽 할멈과 호랑이 23
- 고양이와 장화 30
- 좁쌀 한 알로 정승 사위가 된 총각 35
- 위험한 책 40
- 내일 또 싸우자! 43
- 노란 양동이 47
- 폭탄머리 아저씨와 이상한 약국 51
- 싱잉푸, 오줌 복수 작전 55
- 짜장 짬뽕 탕수육 58
- 내 맘대로 학교 61
- 민핀 64
- 생쥐 아가씨와 고양이 아저씨 68
- 폭포의 여왕 71
- 책 읽는 강아지 몽몽 74
- 화요일의 두꺼비 78
- 짜증방 82
- 고맙습니다, 선생님 86

Chapter 2 2학년을 위한 책동아리 활동지

- 가방 들어주는 아이 90
- 책 먹는 여우와 이야기 도둑 93
- 나쁜 어린이 표 97
- 멋진 여우 씨 100
- 그림자 도둑 103
- 오즈의 마법사 106
- 라면 맛있게 먹는 법 109
- 마법의 설탕 두 조각 114
- 로미오와 줄리엣 117
- 동백꽃 125
- 글짓기 시간 128
- 그게 만약 너라면 131
- 도서관에서 3년 134
- 돈 잔치 소동 138
- 톰 소여의 모험 143
- 마법 학교 대소동 1: 구구단을 외쳐라! 146
- 왕도둑 호첸플로츠 149
- 페르코의 마법 물감 152
- 학교에 간 사자 156
- 도깨비가 슬금슬금 160

Chapter 1
1학년을 위한 책동아리 활동지

이야기 주머니 이야기

책동아리 모인 날
:   년   월   일

#이야기 #나눔 #귀신

글·그림 이억배
출간 2008년
펴낸 곳 보림
갈래 한국문학(옛이야기 그림책)

 이 책의 줄거리를 떠올려요

　옛날에 이야기를 아주 좋아하는 한 아이가 이야기를 들으면 종이에 적어 커다란 주머니에 넣고 꽁꽁 묶어 벽장 속에 넣었대요. 오랫동안 주머니에 갇혀 답답했던 이야기들은 귀신이 되어 아이가 장가가는 날 아이에게 해코지하려고 해요. 새신랑 방에 군불을 때던 머슴이 이 대화를 엿듣고 변신한 이야기들을 따돌리고 무사히 신랑을 구하게 된답니다. 머슴 덕에 목숨을 건진 신랑은 묶어 놓았던 이야기 주머니를 풀어 주고, 이야기들은 훨훨 날아가 모든 이에게 전해져요.

1. 낱말을 잡아라 처음 보는 단어 찾기

책을 읽다가 모르는 단어가 있었나요? 다시 살펴보며 그림 안에 써 보세요.
그 낱말은 무슨 뜻일까요? 앞뒤의 문장을 읽고 의미를 추측해 보세요.

2. 똑딱똑딱 이야기 시간 이야기의 순서 따라가기

이야기 귀신들이 무엇으로 변신했나요? 순서대로 넣어 보세요.

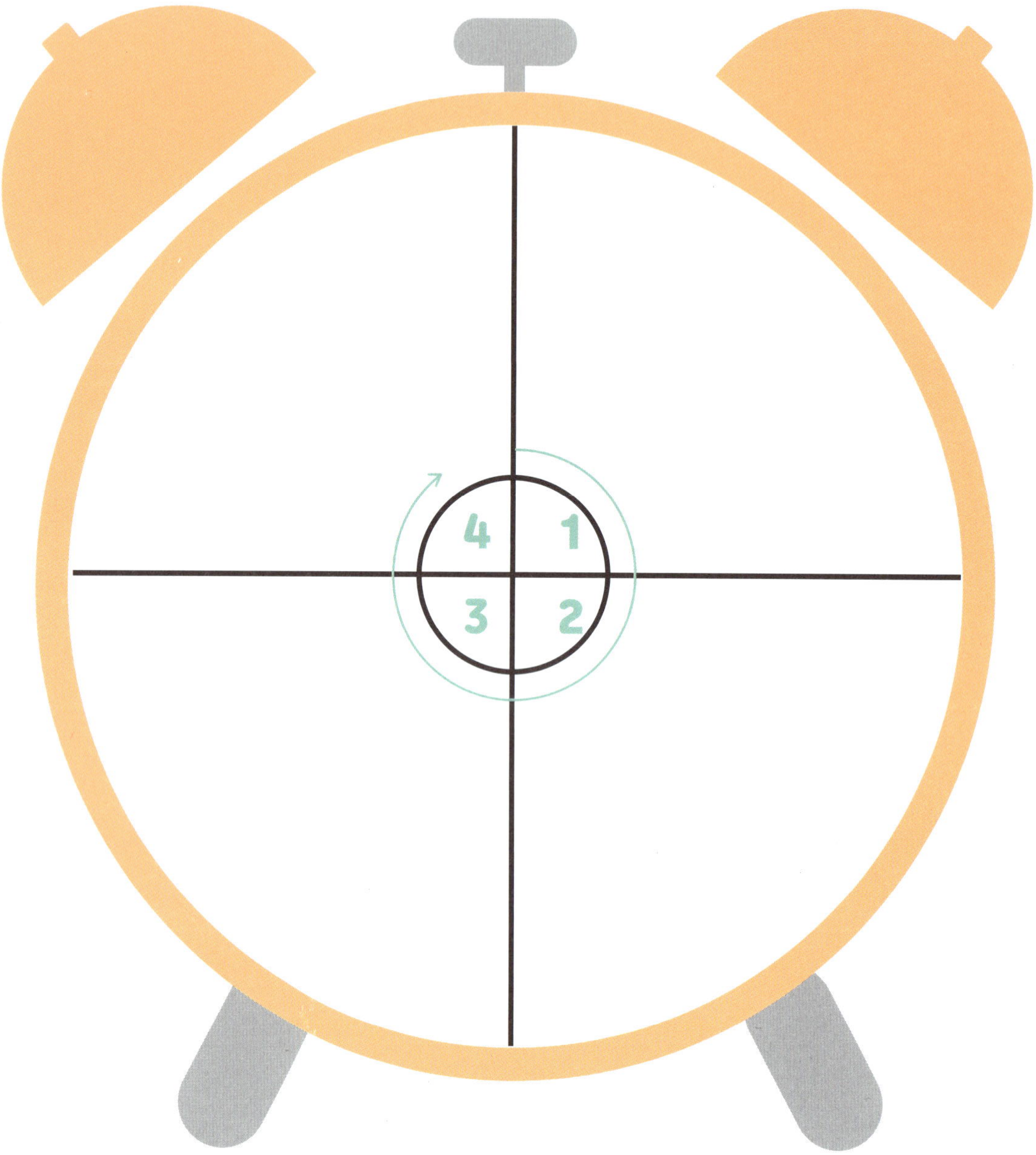

3. 사진 보고 이야기 만들기

신문에서 오린 사진을 보고 이야기를 만들어 보세요.

(사진 붙이는 자리)

언제일까요?

어디일까요?

누구일까요?

무슨 일이 일어났을까요?

왜 이 일이 일어났을까요?

베로니카, 넌 특별해

책동아리 모인 날　　　　　　　　　　　　　원제: Veronica, 1961년
：　　　년　　월　　일

나의 별점

이 책은 어땠나요?

완전 추천!　　괜찮아!　　조금 아쉬워!

#자존감 #개성 #모험 #가족애

글·그림 로저 뒤바젱
옮김 김경미
출간 2008년
펴낸 곳 비룡소
갈래 외국문학(판타지 그림책)

이 책의 줄거리를 떠올려요

　지극히 평범한 하마 베로니카는 진흙 강둑에서 뒹굴고 맑은 강물에서 마음껏 수영하며 놀 수 있어도 행복하지 않았어요. 유명해지고 싶어서 떠난 도시에서 겪는 사건들은 베로니카를 힘들게 합니다. 지나친 관심에 지친 베로니카는 고향으로 돌아와 다른 하마들에게 도시에서의 모험담을 들려줘요. 눈에 띄는 것이 무조건 좋지는 않음을, 가족과 고향이 얼마나 소중한지를 깨닫고, 힘들었지만 값진 모험을 소중히 생각하게 되지요. 결국 베로니카는 모험을 통해 그렇게 바라던 특별한 하마가 된 거예요.

1. 그 다음엔 어떤 일이? 이야기의 순서 따라가기

사건이 일어난 순서를 차례대로 정리해 보세요. 베로니카가 도시로 가기 전과 후에 어떤 일들이 생겼나요?

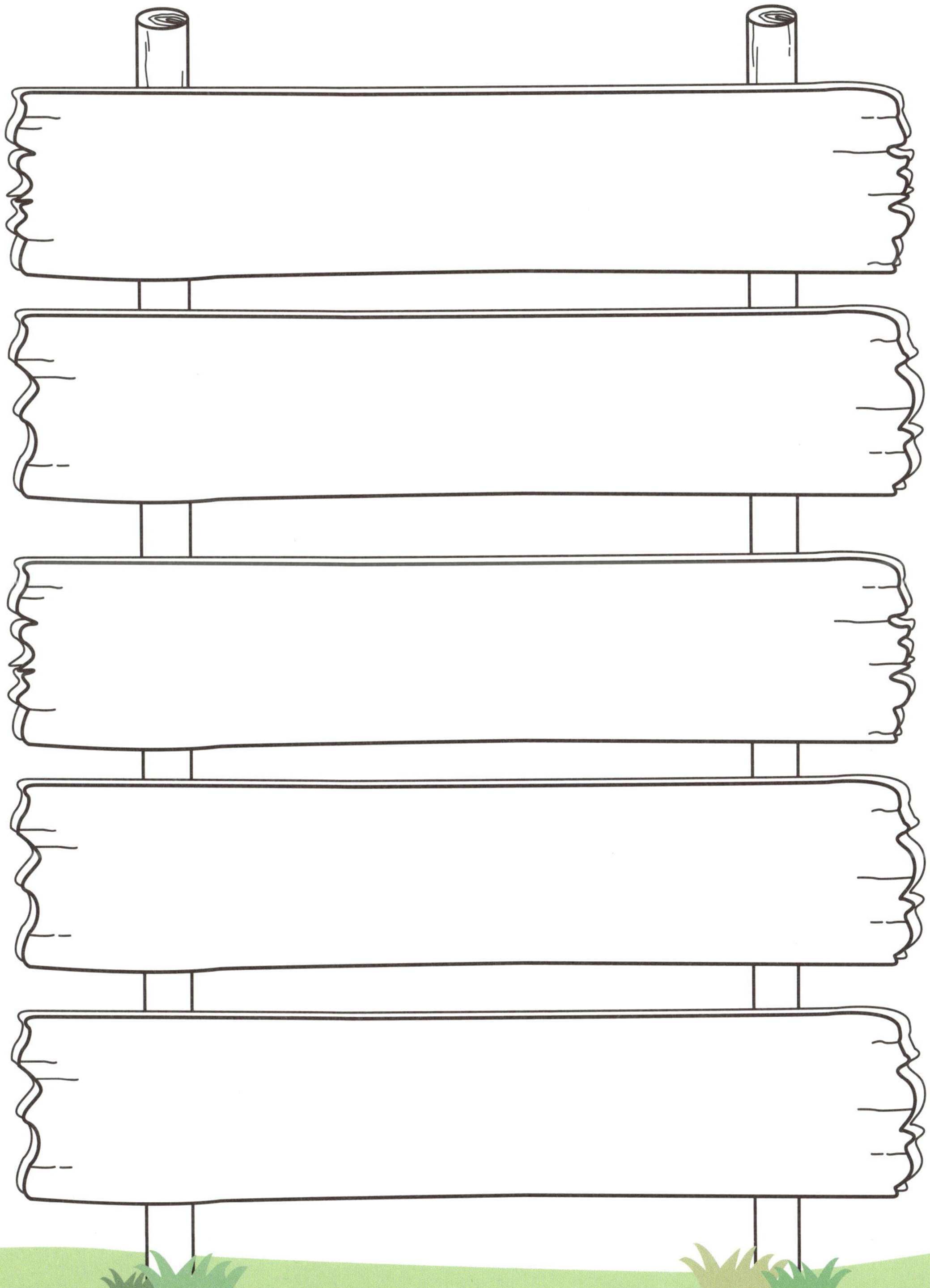

2. 알고 있는 것, 알게 된 것, 알고 싶은 것

이 그림책의 표지를 보면 하마가 주인공임을 알 수 있어요.
내가 하마에 대해 이미 알고 있는 것은 무엇인가요? 이 책을 읽고 하마에 대해 새롭게 알게 된 것은 무엇인가요? 앞으로 하마에 대해 더 알고 싶은 것은 무엇인가요?

알고 있는 것!

알게 된 것!

알고 싶은 것!

3. 나의 특별함 찾기

베로니카는 자신이 평범하다고 생각하고 특별해지고 싶어 했지요. 하지만 베로니카에게는 어떤 특별함이 있었나요?

나는 어떤 점에서 친구들과 다른가요? 나만의 강점, 자랑거리는 무엇인가요? 각각의 칸에 써 보세요.

베로니카

나

의좋은 형제

책동아리 모인 날
:   년   월   일

#형제 #우애 #양보 #나눔 #배려

글 이현주
그림 김천정
출간 2006년
펴낸 곳 국민서관
갈래 한국문학(옛이야기 그림책)

이 책의 줄거리를 떠올려요

　형제 간의 우애를 가르치는 대표적인 우리의 옛이야기예요. 형과 아우는 봄에는 함께 모내기를 하고, 여름엔 함께 풀을 뽑았어요. 가을이 되자 형제는 함께 넉넉한 풍년을 맞이하지요. 형은 새살림을 꾸린 아우를 위해 아우의 낟가리에 볏단을 가져다 놓고, 아우는 식구가 많은 형을 위해 형의 낟가리에 볏단을 가져다 놓습니다. 이튿날 논에 나가 깜짝 놀란 형제는 그날 밤에도, 다음날 밤에도 볏단을 나르지요. 둘이 중간에서 만나 부둥켜안는 장면은 감동을 줍니다.

1. 어쩌다 이런 일이? 원인과 결과 살펴보기

책에 나온 인물들의 상황(원인)과 행동의 결과를 살펴봅니다.

2. 새로운 낱말로 짧은 문장 짓기

아래 낱말이 나오는 책의 장면과 문장을 찾아서 읽어 보아요. 그 낱말이 들어가는 짧은 문장을 지어 써 보세요.

책 속 낱말	짧은 문장 짓기
장가	형은 장가를 들어 예쁜 아내와 아들도 하나 두었지만 →
총각	아우는 아직 총각입니다. →
혼인	두 사람이 혼인을 맺게 되었습니다. →
살림	아우는 가까운 곳에 새집을 마련하고 살림을 났지요. →
풍년	"하늘이 도우셔서 풍년이 들었구나." →

3. 계절마다 농부가 하는 일 농사 이해하기

벼의 성장과 계절마다 농부가 하는 일을 알아보아요.

봄 •	• 벼 이삭이 여물고 무르익은 벼를 베요.
여름 •	• 콩밭에 풀을 뽑아 줘요.
가을 •	• 벼 이삭이 여물면 허수아비를 세워요.
	• 모내기를 해요.
겨울 •	• 다음 농사를 준비해요.

4. 간식 나누기

의좋은 형제가 벼를 나누었던 것처럼 과자나 과일을 이용해서 똑같이 나누어 보아요.

- 오늘의 간식이 모두 몇 개인지 세어 보세요.

- 형이나 동생이 볏단을 서로 더 많이 가져가려 했다면 어떤 일이 생겼을까요?

- 여러 명이 음식을 똑같이 나누려면 어떻게 해야 할까요?

- 우리도 의좋은 형제처럼 맛있는 간식을 나누어 보아요. 간식이 똑같이 나누어졌는지 살펴봅니다. 몇 개씩 나누었나요? 활동지에 그림으로 그리고 개수를 써 보세요.

_____ 개

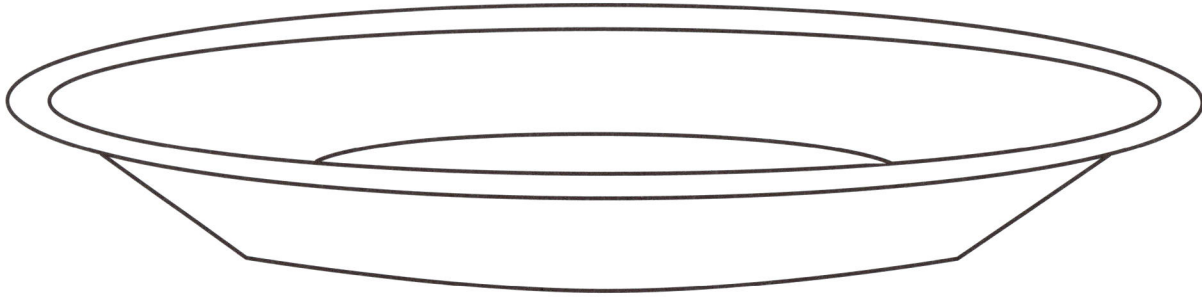

팥죽 할멈과 호랑이

책동아리 모인 날
:   년   월   일

#도움 #호랑이 #할머니

글 박윤규
그림 백희나
출간 2006년
펴낸 곳 시공주니어
갈래 한국문학(옛이야기 그림책)

나의 별점

이 책은 어땠나요?

완전 추천!   괜찮아!   조금 아쉬워!

이 책의 줄거리를 떠올려요

봄날 팥밭에서 김을 매던 할머니를 호랑이가 잡아먹으려 해요. 이때 할머니는 눈 내린 겨울날 먹을 것이 없을 때, 맛난 팥죽이나 실컷 먹고 나서 잡아먹으라고 말하며 겨울까지 날을 미루지요. 마침내 겨울이 다가오고, 커다란 가마솥에 팥죽을 팔팔 끓이며 할머니는 호랑이에게 잡아먹힐 생각에 꺼이꺼이 울었어요. 할머니의 울음소리에 알밤, 자라, 물찌똥, 송곳, 돌절구, 멍석, 지게가 할머니에게 팥죽을 얻어 먹고 힘을 합해 할머니를 도와줍니다. 작고 약한 친구들이 힘을 모아 호랑이라는 공포와 두려움의 존재를 통쾌하게 물리치는 거지요.

WORK SHEET

1. 책 표지 살펴보기

이 책의 표지를 자세히 살펴보아요.

할머니는 어디에 있는 걸까요?

할머니가 들고 있는 건 소반이에요. 소반 위에 올려진 건 무엇일까요?

할머니가 웃고 있어요. 이야기에서 무슨 일이 일어날까요?

제목에 '팥죽'과 '호랑이'가 나와요. 할머니와 어떻게 연관이 될까요?

2. 줄거리 파악하기

다음 질문에 답하며 이야기의 줄거리를 떠올려 볼까요?

호랑이는 왜 팥밭에서 할머니를 잡아먹지 않았나요?

누가 팥죽을 먹고 할머니를 도와주겠다고 했나요?

호랑이는 왜 부엌에서 미끄러졌나요?

지게는 호랑이를 어떻게 했나요?

해마다 동짓날이 되면 할머니는 무엇을 했나요?

3. 줄거리 정리하기

이야기의 줄거리가 정리되었나요? 꼬리 달린 쥐마다 한 가지씩 내용을 넣어서 이야기를 완성해 보세요.

4. 소리와 행동으로 인물 표현하기

이 책에는 여러 등장인물이 등장하거나 숨는 모습이 나와요. 숨는 곳도 다양하고요.
책을 다시 자세히 보며 각 인물이 움직이거나 숨을 때 어떤 의성어, 의태어가 쓰였는지, 숨은 곳은 어디인지 찾아 표를 채워 보세요. 그리고 각 등장인물을 목소리나 행동으로 표현해 보세요.

등장인물	움직이는 모습	숨은 곳
알밤		
자라		
물찌똥		
송곳		
돌절구		
멍석		
지게		
호랑이		

5. 같은 이야기 다른 책 비교하기

같은 이야기를 다룬 여러 책을 비교해 보세요.

- 제목이 다른 책이 있나요?

- 그림의 느낌을 비교해 보세요. 어떤 차이가 있나요?

- 주인공 할머니는 각각 어떻게 묘사되어 있나요?

- 호랑이는 각각 어떻게 묘사되어 있나요?

- 할머니를 도와주는 등장인물의 종류나 순서에 차이가 있나요?

- 어떤 책의 그림이 가장 마음에 드나요?

- 어떤 책의 글이 가장 마음에 드나요?

6. 농기구 알기 도구의 쓰임새 생각하기

이 책에서는 지게, 절구, 멍석, 호미 등 오래전에 쓰이던 다양한 물건이 등장해요. 원래 어떨 때 쓰는 건지, 이 책에서는 어떻게 쓰였는지, 또 어떻게 쓸 수 있는지 생각해 보아요.

등장인물	실제 쓰임새	또 다른 쓰임새
지게		
송곳		
절구		
멍석		

고양이와 장화

책동아리 모인 날　　　　　　　　　　　　　　　원제: Puss & Boots, 2009년
：　　　년　　월　　일

#꾀 #모험 #자신감
#공생 #패러디

글·그림 아야노 이마이
옮김 이광일
출간 2010년
펴낸 곳 느림보
갈래 외국문학(판타지 그림책)

이 책의 줄거리를 떠올려요

　구두장이 아저씨가 만든 구두가 팔리지 않아 가게 문을 닫을 상황이 되자, 그의 고양이는 가장 멋지고 아름다운 장화를 신고는 괴물이 사는 성으로 찾아갑니다. 고양이는 마법으로 무엇이든 변신할 수 있는 괴물을 부추겨 구두를 잔뜩 주문하게 합니다. 하지만 구두쇠 괴물은 사자로 변신하고 한 푼도 줄 수 없다며 고양이를 내쫓았어요. 고양이는 아주 특별한 구두를 들고 다시 괴물을 찾아가서 꾀로 괴물의 욕심과 어리석음을 꿀꺽 삼킵니다. 덕분에 구두장이 아저씨는 고양이와 함께 성에서 구두 가게를 열게 되지요. 괴물이 무서워 집 밖으로 나올 수 없던 마을 사람들도 다시 집 밖으로 나와 신발을 살 수 있게 되었고요.

1. 용하원처럼 삼킨 뱀 줄거리 파악하기

그림책을 다 읽은 후, 도식을 이용해 줄거리를 정리해 보아요.

언제 / 누가 / 어디서 / 무엇을 / 어떻게 / 왜

2. 장화 신은 고양이 vs. 고양이와 장화 `패러디 이해하기`

《장화 신은 고양이》이야기에 대한 글을 읽고, 이 책《고양이와 장화》와 어떤 점이 같거나 다른지 비교해 보세요.

《장화 신은 고양이》요약

샤를 페로 글, 프레드 마르셀리노 그림, 홍연미 옮김, 시공주니어, 1995

아들 셋 있는 방앗간 주인이 세상을 떠나며 세 아들에게 방앗간, 당나귀, 고양이 한 마리를 각각 유산으로 남겨 준다. 고양이를 물려받은 막내는 앞으로 살길이 막막하지만, 꾀 많은 고양이가 장화 한 켤레와 자루를 마련해 주면 막내를 행복하게 해 주겠다고 약속한다.

고양이 푸스는 자루로 토끼와 메추라기를 잡아 왕에게 바치면서 주인인 막내를 카라바스 후작이라고 속여 그의 선물이라고 말한다. 왕이 행차하는 길목에서 카라바스 후작이 강물에 빠진 것처럼 꾸미고, 왕은 카라바스 후작을 구해 내어 좋은 옷을 입히고 마차에 태운다. 공주는 멋진 카라바스 후작의 외모에 반한다. 고양이 푸스는 마차를 앞질러 가면서 들판과 밀밭의 농부들에게 겁을 주며 땅과 밀을 후작님의 것이라고 말하라고 시킨다. 그리고 거인이 사는 성으로 가서 사자로 변신하는 거인에게 생쥐로 변할 수 있냐고 물은 뒤 생쥐로 변한 거인을 꿀꺽 삼켜 버린다. 고양이 푸스는 왕에게 그 성이 카라바스 후작의 성이라고 소개한다.

성에서 잔치를 벌인 왕은 후작을 사위로 맞고 싶다고 하여 그날 결혼식을 올린다. 그 후 고양이 푸스는 푸스 경이 되어 재미로 쥐를 쫓아다니는 삶을 살게 되었다.

장화 신은 고양이 | 고양이와 장화

3. 너는 누구니? 등장인물 분석하기

주인공 고양이는 어떤 인물인지 이야기해 보세요.

이름

어떻게 생겼나요?

이 인물에게 본받을 점은 무엇인가요?

이 인물이 부족한 점은 무엇인가요?

어떤 행동을 했나요?

이 등장인물을 고른 이유는 무엇인가요?

4. 말풍선 채우기

인상 깊은 마지막 장면을 보고, 고양이가 무슨 생각을 했을지 말풍선을 채워 보세요.

좁쌀 한 알로 정승 사위가 된 총각

책동아리 모인 날
:   년   월   일

#지혜 #소신 #용기
#작은 것의 소중함

원작 박영만
글 배서연
그림 전갑배
감수 권혁래
출간 2012년
펴낸 곳 사파리
갈래 한국문학(옛이야기 그림책)

이 책의 줄거리를 떠올려요

 옛날에 한 총각이 좁쌀 한 알을 소중히 품고 서울로 과거를 보러 떠났어요. 밤에 주막에 묵으며 주인에게 좁쌀을 잘 보관해 달라고 부탁했지요. 이튿날 아침, 밤사이 쥐가 좁쌀을 먹어 버렸다고 변명하는 주인에게 총각은 쥐라도 잡아 달라고 해요. 다음 날 밤, 총각은 다른 주막에 들러 생쥐를 맡겼지만, 고양이가 생쥐를 잡아먹고 말았어요. 총각은 주막에 묵을 때마다 자신의 소중한 것을 주인에게 맡겼지만, 누구도 총각이 맡긴 소중한 것을 제대로 간수하지 못했어요. 이렇게 고양이는 개가 되고, 개는 말이 되고, 말은 소가 되고……. 주막 주인 아들이 총각의 소를 정승 집에 팔아 버리자, 총각은 정승을 찾아가 자기 소를 내놓으라고 당당히 호통을 쳤고, 정승은 총각의 소신과 당당한 기세에 감탄해 자신의 딸과 총각을 혼인시켰대요.

WORK SHEET

1. 이야기 눈덩이를 굴려 보자

이야기 순서 정리하기

이야기를 읽으며 중심 한 톨이 무엇으로 바뀌어 가는지 과정을 알아봅니다. 책을 모둠모둠 따라 읽으며 알아보세요.

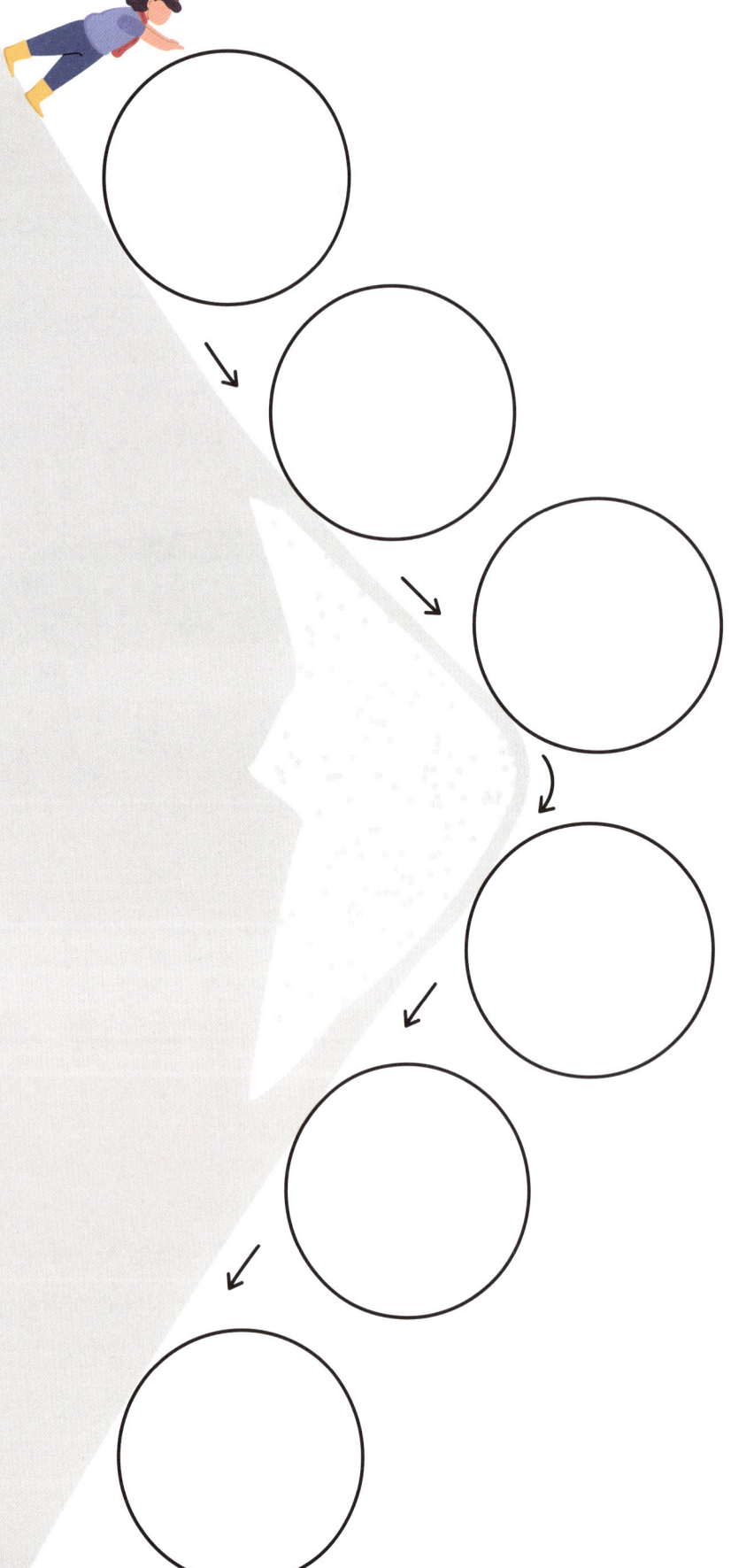

2. 근거를 쌓아 만든 탑 근거와 함께 주장하기

주인공 총각이 어떤 주장을 펼쳐서 좁쌀을 쥐로, 쥐를 고양이로 바꿔 가는지 기억나나요?
주장과 근거를 쌓아 올려 탑을 만들어 보세요.

주장 5

근거(이유) 5

주장 4

근거(이유) 4

주장 3

근거(이유) 3

주장 2

근거(이유) 2

주장 1

근거(이유) 1

3. 이야기에 대한 내 생각 말하기

다음 질문에 대한 자신의 생각을 말해 보세요.

- 좁쌀 한 알을 가지고 세상 구경을 떠난 총각은 나중에 장가까지 가게 되는데, 작은 좁쌀 한 알로 자신이 원하는 걸 얻어 낸 총각의 행동을 어떻게 생각하나요?

- 주막 주인은 왜 좁쌀을 아무렇게나 던졌을까요? 내가 총각이라면 그 사람에게 뭐라고 말했을까요?

- 총각의 물건을 맡아 주고, 하룻밤씩 재워 준 집주인들은 각각 총각이 맡긴 것보다 더 큰 것을 물어 주게 되는데, 그들의 마음은 어땠을까요? 그 사람의 입장에서 생각해 보세요.

등장인물	그 사람의 입장
첫 번째 주막 주인(쥐를 잡아 줌)	
두 번째 주막 주인(고양이 주인)	
세 번째 주막 주인(개 주인)	
네 번째 주막 주인(말 주인)	
다섯 번째 주막 주인(소 주인)	
정승(색시의 아버지)	

4. 신문에서 점점 길어지는 낱말 찾기

주인공 총각이 좁쌀 한 알로 바꾼 동물들은 크기가 계속 커져요. 우리는 계속 길어지는 낱말을 찾아보기로 해요.

신문의 낱말들을 살펴보세요. 한 글자부터 시작해서 한 글자씩 더 길어지는 낱말을 오려 붙입니다.

몇 글자 낱말까지 찾았나요?

위험한 책

책동아리 모인 날   원제: The Flower, 2006년
: 　　년　　월　　일

#생태 #환경 #꽃 #통제
#도시 #책 #도서관

글 존 라이트
그림 리사 에반스 그림
옮김 김혜진 옮김
출간 2014년
펴낸 곳 천개의바람
갈래 외국문학(판타지 그림책)

나의 별점

이 책은 어땠나요?

완전 추천!   괜찮아!   조금 아쉬워!

이 책의 줄거리를 떠올려요

　브릭은 삭막한 건물로 가득한 회색 도시에서 혼자 살아요. 그가 일하는 도서관에는 '읽지 마시오'라고 표시된 위험한 책들이 있어요. 그중 한 권을 몰래 빼내 집으로 가져와서 읽은 브릭은 한 번도 본 적이 없는 '꽃'에 대해 알게 되지요. 꽃의 아름다움에 감동한 소년은 온 도시를 헤매며 꽃을 찾습니다. 고물상에서 발견한 씨앗을 컵에 담아 먼지에 심고 기다렸더니 마침내 꽃이 피죠. 하지만 청소하러 온 기계가 꽃을 빨아들여 버립니다. 한참 후 도시의 경계에서 발견한 먼지 더미 속에서 브릭의 꽃은 다시 피어나고 있었어요.

1. 읽기 전 생각 말하기

그림책을 읽기 전의 생각을 말해 보세요.

- 왜 '위험한 책'일까요?

- 책을 읽기 전에 표지를 보고 어떤 생각을 하였나요?

- 이 사람은 어디에 있는 걸까요?

- 그의 표정은 어떤가요?

2. 읽으며/읽고 나서 생각 말하기

그림을 보며 어떤 생각이 드는지 말해 보세요. 책을 읽고 나서 생각이 어떻게 바뀌었나요?

- 펼침면 1~2, 3~4, 5~6면을 보세요.
  무엇을 발견할 수 있나요? 브릭이 사는 곳은 어때 보이나요? 사람들은 어떤가요?

- 브릭이 다른 사람들과 다른 점을 발견했나요?

- 읽고 나서 달라진 마음은 무엇인가요?

3. 인상적인 한 문장(장면) 뽑기

이 책에서 가장 기억에 남은 문장이나 장면은 무엇인가요?

4. 배경 비교하기

이 책의 배경과 내가 사는 곳을 비교해 보세요.

내일 또 싸우자!

책동아리 모인 날
:   년   월   일

#싸움 #형제 #우애 #공정
#규칙 #전통놀이(전래놀이)

글 박종진
그림 조원희
출간 2019년
펴낸 곳 소원나무
갈래 한국문학(사실주의 그림책)

이 책의 줄거리를 떠올려요

　상두와 호두는 형제예요. 방학이라 놀러 간 할아버지 댁에서도 줄곧 싸우지요. 아침부터 몸싸움을 벌이는 손자들에게 할아버지는 제대로 싸울 것을 제안합니다. 말싸움, 주먹싸움, 몸싸움, 감정싸움과 달리 '또 싸우고 싶은 싸움'을 하라는 거죠.
　상두와 호두는 열한 가지 싸움을 통해 올바르게 잘 싸우는 방법을 알게 됩니다. 그것도 재미있게요. 이 책은 풀싸움, 꽃싸움, 눈싸움 등 순우리말로 된 다양한 싸움을 보여 주며 반드시 지켜야 할 싸움의 규칙도 알려 줍니다. 싸움이 곧 놀이가 되는 마법이 펼쳐집니다.

1. 이야기의 전체 구조 파악하기

상두랑 호두가 한 싸움을 순서대로 써 보세요. 그 싸움에서 이기려면 각각 어떻게 해야 할까요?

순서	싸움 이름	싸움에서 이기려면
1		
2		
3		
4		
5		
6		
7		
8		
9		
10		
11		

2. 내 생활과 연결하기

앞에서 쓴 표를 활용해 다음 질문에 답해 보세요.

| 이 책에 나오는 싸움 중에서 내가 해 본 것 | 알고는 있었지만 내가 해 본 적 없는 싸움 | 이 책을 통해 처음 알게 된 싸움 |

내가 형제자매 또는 친구와 해 보고 싶은 싸움은 무엇인가요?

형제자매와 싸워 본 적이 있나요? 친구들에게 경험을 들려주세요. 그럴 때 어떤 느낌인가요?

싸울 형제자매가 아예 없는 것에 대해 어떻게 생각하나요?

3. 마음의 변화 따라가기

상두와 호두의 마음은 어떻게 변했을까요?

게임기 때문에 싸웠을 때	→	할아버지가 또 싸우라고 하셨을 때	→	여러 가지 싸움을 다 끝내고 나서

4. 이야기의 주제 이해하기

할아버지는 손자들에게 왜 싸우라고 하셨을까요?

'내일 또 싸우고 싶은 싸움'은 다시는 하고 싶지 않은 싸움과 무엇이 다른가요?

노란 양동이

책동아리 모인 날
:   년   월   일

원제: きいろいばけつ, 1989년

#기다림 #소중한 것 #행복

글 모리야마 미야코
그림 쓰치다 요시하루
옮김 양선하
출간 2000년
펴낸 곳 현암사
갈래 외국문학(판타지 동화)

나의 별점

이 책은 어땠나요?

완전 추천! 괜찮아! 조금 아쉬워!

이 책의 줄거리를 떠올려요

작은 숲속 마을에 사는 아기 여우, 아기 곰, 아기 토끼의 이야기예요. 월요일에 아기 여우가 주인을 알수 없는 노란 양동이를 발견하고, 갖고 싶어 해요. 아기 곰은 일주일이 지나도 양동이가 그대로 있으면 아기 여우가 가지면 되겠다고 합니다. 아기 여우는 일요일이 될 때까지 비가 오나 바람이 부나 매일 양동이를 찾아 갑니다. 막대기로 양동이 바닥에 이름을 쓰는 시늉도 하지요. 마지막 날 양동이가 사라져 버리지만 아기 여우는 '괜찮아, 일주일 동안 오로지 나만의 양동이였어'라고 의젓하게 스스로를 달랩니다.

1. 읽지 않은 부분에 대해 생각하기

다음 질문에 대한 나의 생각을 말해 보세요.

아기 여우는 왜 노란 양동이를 갖고 싶어 할까요?

아기 여우는 발견한 양동이를 왜 바로 가져가지 않았을까요?

아기 곰은 왜 일주일을 기다린 후에 아기 여우가 가지면 되겠다고 말했을까요?

아기 여우는 일주일 동안 노란 양동이를 지켜보면서 어떤 생각을 했을까요?

일주일이 되던 날 양동이가 사라졌을 때 아기 여우는 어떤 기분이 들었을까요?

2. 주인공과 나를 연결하기

다음 질문에 대한 나의 생각을 말해 보세요.

나라면 마음에 드는 노란 양동이를 발견했을 때 어떻게 했을 것 같나요?

나에게는 어떤 물건이 가장 소중한가요? 그것은 왜 소중한가요?

내가 정말 갖고 싶은 물건이 무엇인지 소개해 주세요.

나만의 것과 다른 사람의 것은 어떻게 다를까요?

3. 마음껏 상상해서 이야기 만들기

노란 양동이에 과연 무슨 일이 생긴 걸까요? '어디로', '누가', '어떻게'에 대해 뭐라고 답하고 싶나요?
나만의 이야기를 만들어 보세요.

노란 양동이는 '어디로' 갔을까?

'누가' 가져가서 '어떻게' 되었을까?

_____

_____

_____

_____

_____

_____

_____

폭탄머리 아저씨와 이상한 약국

책동아리 모인 날
:   년   월   일

#이혼 #친구 관계 #불안
#화해 #감정 #마법

글 강이경
그림 김주경
출간 2014년
펴낸 곳 도토리숲
갈래 한국문학(판타지 동화)

나의 별점

이 책은 어땠나요?

완전 추천!   괜찮아!   조금 아쉬워!

이 책의 줄거리를 떠올려요

재우는 부모의 이혼으로 엄마와만 살게 됩니다. 슬프고 마음이 아프고 화도 나서 친구들과도 사이가 나빠집니다. 학교에서 벌까지 서고 집에 가다가 동네에 새로 생긴 이상한 약국을 발견해요. 폭탄머리 약사 아저씨는 '힘셈약', '결투약'에 이어 이름 없는 분홍약을 처방해 줍니다. 그 이후 재우는 친구들과 화해하고 마음이 점점 행복해져요.

1. 어울리는 이름 짓기

재우가 먹은 분홍색 약에는 이름이 없어요. 어울리는 이름을 지어 보세요.

재우가 먹은 분홍색 약의 이름을 지어 써 보세요.

왜 그런 이름을 지었나요?

2. 주인공의 마음 파악하기

재우의 마음을 어떻게 나타낼 수 있을까요? 상황에 따라 어떤 마음이 들었을지, 그 마음이 어떻게 변했는지 써 보세요.

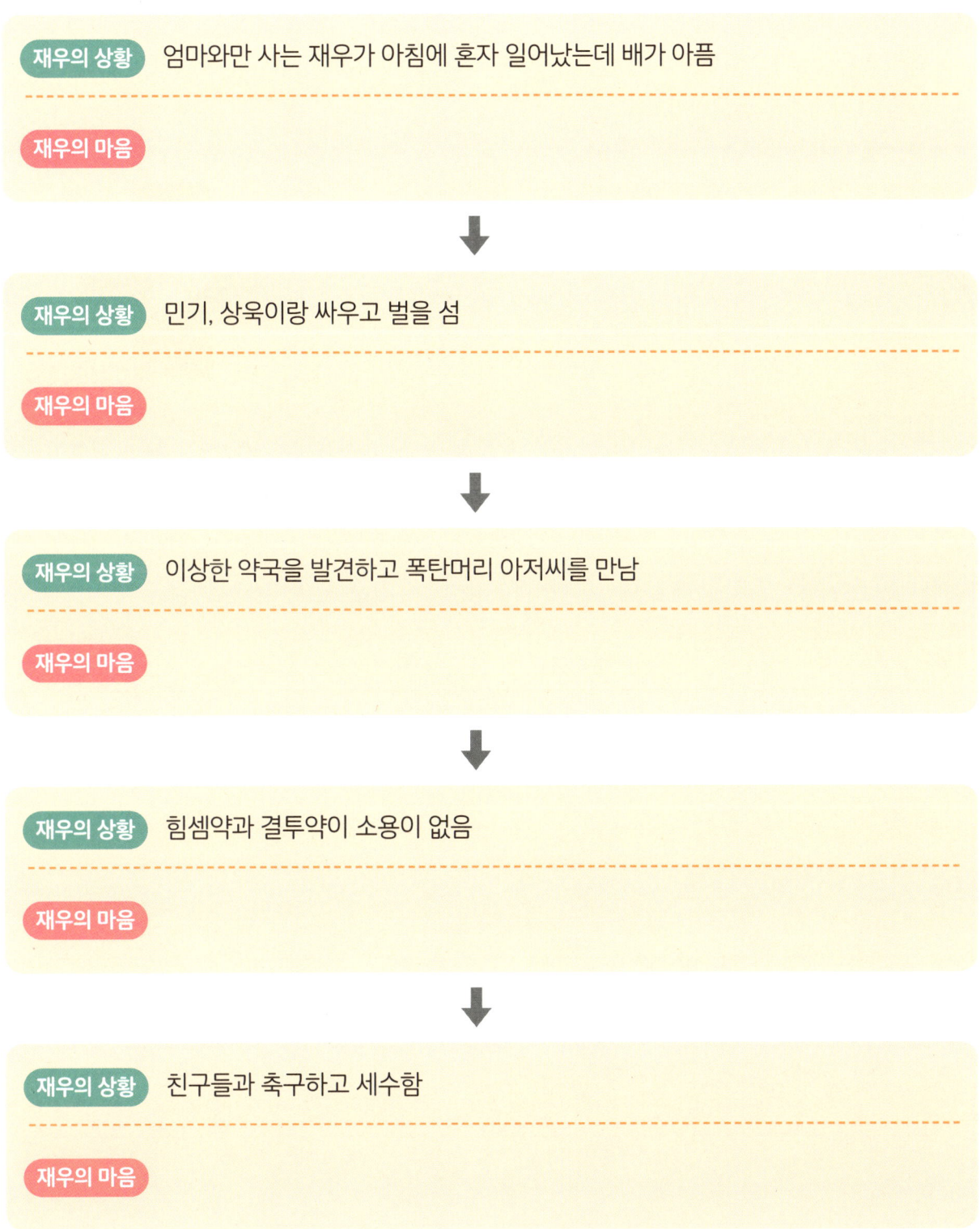

재우의 상황 엄마와만 사는 재우가 아침에 혼자 일어났는데 배가 아픔
재우의 마음

↓

재우의 상황 민기, 상욱이랑 싸우고 벌을 섬
재우의 마음

↓

재우의 상황 이상한 약국을 발견하고 폭탄머리 아저씨를 만남
재우의 마음

↓

재우의 상황 힘셈약과 결투약이 소용이 없음
재우의 마음

↓

재우의 상황 친구들과 축구하고 세수함
재우의 마음

3. 내가 폭탄머리 약국에 간다면 소재로 상상하기

내가 폭탄머리 약국에 간다면 어떤 약을 얻고 싶은가요? 다음 내용을 꼭 넣어 그 약에 대해 글을 써 보세요.

[들어가야 할 내용]
- 약의 이름은 무엇인가요?
- 그 약이 나에게 왜 필요한가요?
- 그 약을 언제, 어떻게 쓰고 싶나요?
- 그 약을 먹으면 어떤 일이 일어날까요?

약 이름

싱잉푸, 오줌 복수 작전

책동아리 모인 날
:   년   월   일

원제: Singenpoo Strikes Again, 1998년

나의 별점

이 책은 어땠나요?

완전 추천!   괜찮아!   조금 아쉬워!

#읽기 #고양이 #복수 #동물 보호

글 폴 제닝스
그림 케이스 맥이완
옮김 유동환
출간 2004년
펴낸 곳 푸른그림책
갈래 외국문학(판타지 동화)

이 책의 줄거리를 떠올려요

　말을 하고 글까지 읽을 줄 아는 고양이 싱잉푸가 펼치는 기발하고 유쾌한 이야기입니다. 양치기 개처럼 쥐를 몰아내어 영웅이 된《싱잉푸, 치킨집에서 쫓겨나다》의 후속편으로, 책을 읽고 배운 방법으로 쥐떼를 몰아낸 이후, 싱잉푸를 여왕처럼 대접하겠다던 맥 아저씨는 몇 달 못 가 싱잉푸를 다시 구박하고 학대하며 집에서 내쫓으려 해요. 맥 아저씨네 가게에서 일하는 스콧은 오히려 다행이라고 생각하며 싱잉푸를 자기 집으로 데려가지요.

　맥 아저씨는 신문에서 글 읽는 개로 백만장자가 된 사람의 기사를 읽고 스콧을 불러들여 글 읽는 동물 경연대회에 싱잉푸를 내보냅니다. 싱잉푸는 안경을 쓰고 우승을 해요. 끝까지 못된 행동을 하는 주인 아저씨에게 싱잉푸는 통쾌한 오줌 복수 작전을 펼칩니다.

※ 이 책은 현재 절판된 책이에요. 해당 책을 도서관이나 중고 서점에서 구할 수 있습니다.

WORK SHEET

1. 이야기를 한눈에 나타내기

싱잉푸의 오줌 복수 작전은 어떤 이야기인가요? 아래 표 안에 내용을 채워서 한눈에 나타내 보아요.

싱잉푸, 오줌 복수 작전

주인공	배경

주변 인물

사건 1

사건 2

문제 해결 방법

결말

2. 이야기 나누기

내가 채운 표를 보면서 친구들과 이야기 나눠요.

주변 인물 중에서 싱잉푸와 사이가 가장 좋은 인물과 가장 나쁜 인물은 누구인가요?

내가 고른 사건 1과 사건 2 중에서 무엇이 더 재미있었나요?

다른 중요한 사건으로는 무엇이 있었나요?

이 책의 제목을 보았을 때 이야기가 이렇게 끝날 줄 예상했나요?

싱잉푸의 복수에 대해 어떻게 생각하나요?

짜장 짬뽕 탕수육

책동아리 모인 날
:   년   월   일

#따돌림 #왕따 #전학 #친구

글 김영주
그림 고경숙
출간 1999년
펴낸 곳 재미마주
갈래 한국문학(사실주의 동화)

 이 책의 줄거리를 떠올려요

전학생 종민이네 집은 중국 음식점이에요. 학교 화장실에서 왕·거지 놀이를 벌이던 아이들이 거지 자리에 선 종민이를 놀립니다. 짜장 도시락도 놀림감이 되고요. 종민이는 속상했지만 기죽지 않고 기발한 아이디어를 찾아냅니다. 화장실의 왕, 거지 자리를 짜장, 짬뽕, 탕수육으로 바꾸지요.

1. 분위기 파악하기

이 동화를 읽고 물음에 답해 보세요.

• 종민이는 어떤 친구인가요?

• 종민이는 왜 짜장·짬뽕·탕수육 놀이를 시작했나요?

2. 왕·거지 놀이 vs. 짜장·짬뽕·탕수육 놀이 **두 가지 비교하기**

이야기에 나오는 '왕·거지 놀이'와 '짜장·짬뽕탕수육 놀이'를 비교해 보세요.
아래 그림의 두 원에 각 놀이의 특징을 구분해서 적고, 가운데 겹치는 부분에는 두 놀이의 공통점을 넣으면 됩니다.

• 두 놀이는 무엇이 다른가요?
• 두 놀이의 공통점은 무엇인가요?

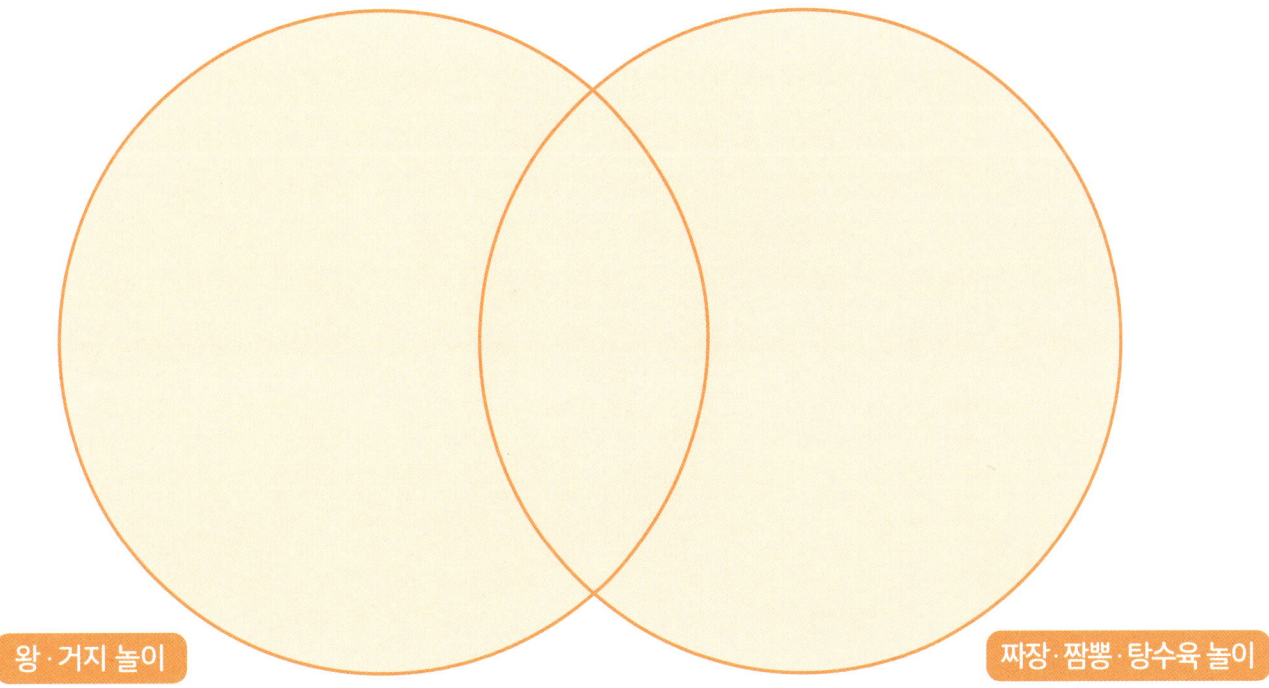

3. 짜장 vs. 짬뽕 vs. 탕수육 세 가지 비교하기

이번에는 세 가지 대상을 비교해 봐요.

- 중국음식점의 인기 메뉴인 짜장, 짬뽕, 탕수육에 각각 어떤 특징이 있나요?
- 두 가지 간에 겹치는 공통점도 있나요?
- 세 가지 모두 겹치는 특징은 무엇인가요?

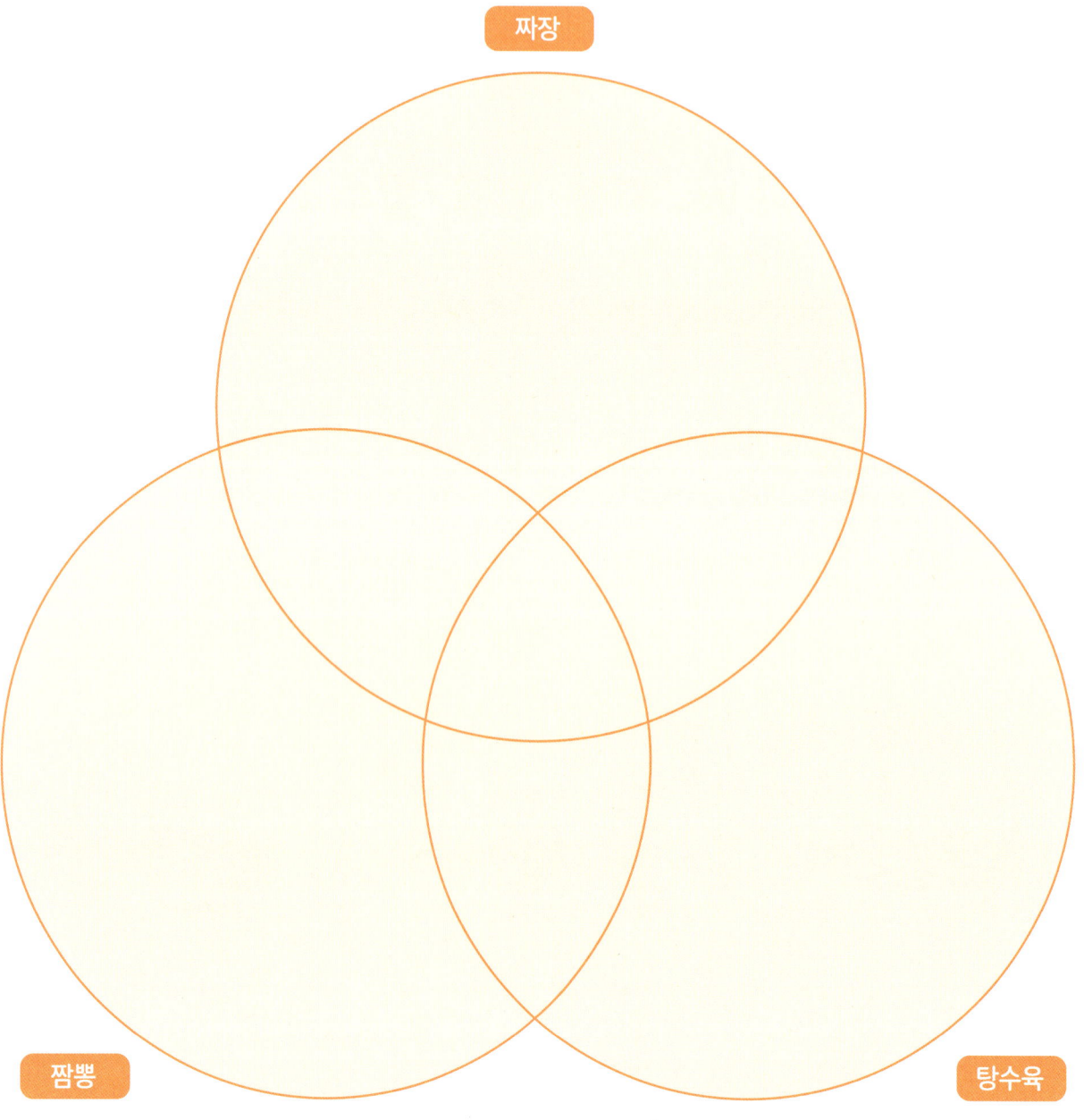

내 맘대로 학교

책동아리 모인 날
:   년   월   일

#학교생활 #긍정

글 송언
그림 허구
출간 2014년
펴낸 곳 한솔수북
갈래 한국문학(사실주의 동화)

 이 책의 줄거리를 떠올려요

만세와 반 아이들, 담임인 털보 선생님이 월요일부터 금요일까지 겪는 엉뚱하고 재미있는 이야기입니다. 만세는 일요일 저녁이면 재미없는 학교에 갈 생각에 한숨이 나오고, 아빠는 회사 갈 걱정에 휩싸여요. 재미있게 학교 다닐 방법은 없을까 궁리하던 만세는 비 오는 월요일 아침, 학교 가는 길에 개구리 연못을 발견해요. 그날 이후 만세는 개구리들에게 배운 대로 교가를 바꿔 부르고, 체육 시간 뜀틀 수업에 재미있는 놀이를 만들어 내고, 음악 시간에 새로운 반주법을 제안하는 등 학교를 신나게 바꿔 갑니다. 다시 일요일이 돌아왔는데도 밝은 얼굴을 한 만세의 모습을 이상하게 생각한 아빠의 질문에 만세는 개구리 연못에 가 보라고 권합니다.

WORK SHEET

1. 이야기 이해하기

다음 질문에 답해 보세요.

첫 장 〈학교 가기 싫어〉의 만세처럼 일요일 저녁에 스트레스를 받은 적이 있나요?

만세는 월요일 아침 개구리 연못에서 어떻게 노래를 듣게 된 걸까요?

'즐거운 학교, 신나는 학교, 내 맘대로 학교'는 어떤 학교일까요?

털보 담임선생님은 어떤 분인가요?

2. 문제점 발견하기

우리 반에서 마음에 들지 않는 점 한 가지를 생각해 보세요.

어떤 점인가요?

그 점이 왜 마음에 들지 않나요?

3. 문제 해결 방법 생각하기

그 문제를 어떻게 해결할 수 있을까요? '내 맘대로 교실'을 상상해서 써 보세요.

민핀

책동아리 모인 날
:   년   월   일

원제: The Minpins, 1991년

나의 별점

이 책은 어땠나요?

완전 추천!   괜찮아!   조금 아쉬워!

#우정 #모험

글 로알드 달
그림 패트릭 벤슨
옮김 우미경
출간 1999년
펴낸 곳 시공주니어
갈래 외국문학(판타지 그림책)

이 책의 줄거리를 떠올려요

꼬마 빌리는 엄마가 들어가지 말라고 경고한 숲에 들어갔다가 그런쳐라는 무시무시한 괴물에게 쫓기게 돼요. 그러다 우연히 민핀이라는 작은 생명체들이 사는 공동체에 들어가고, 백조의 도움을 받아 용감한 민핀과 지혜롭게 그런쳐를 물리치지요. 빌리는 민핀들의 영웅이자 좋은 친구가 되어 오래오래 비밀 친구로 지내게 됩니다.

1. 최고의 그림 뽑기

그림책 《민핀》 재미있게 읽었나요? 글이 많은 그림책인데, 그림도 아주 예쁘지요.
이 책에 실린 삽화 중에서 가장 마음에 드는 장면을 하나 골라 보세요.

어떤 장면인가요?

그 장면을 가장 잘 묘사하는 문장을 찾아보세요.

왜 그 그림을 최고로 뽑았나요?

2. 표현 감상하기

이 책의 첫 부분을 다시 한번 읽고 다음 질문에 대해 생각해 보세요.

이 글의 표현을 읽고 어떤 느낌이 들었나요?

탐험은 과연 절대 해선 안 될 일일까요?

내가 해도 좋을 일 중에서 재미없는 일은 무엇인가요?

내가 해선 안 될 일 중에서 신나는 일은 무엇인가요?

3. 상상해서 글 쓰기

각 상황을 상상해서 짧은 이야기를 지어 보세요.

백조를 탄 빌리처럼 내가 만약 동물을 타고 다닐 수 있다면 어떤 동물을 타고 어디에 가고 싶나요? 짧은 이야기를 지어 보세요.

내가 만약 숲에서 민핀을 만난다면 어떨 것 같나요? 가장 해 보고 싶은 모험에 대해 상상력을 펼쳐서 써 보세요.

생쥐 아가씨와 고양이 아저씨

책동아리 모인 날
: 　　　년　　월　　일

원제: Rats on the Range and Other Stories, 1993년

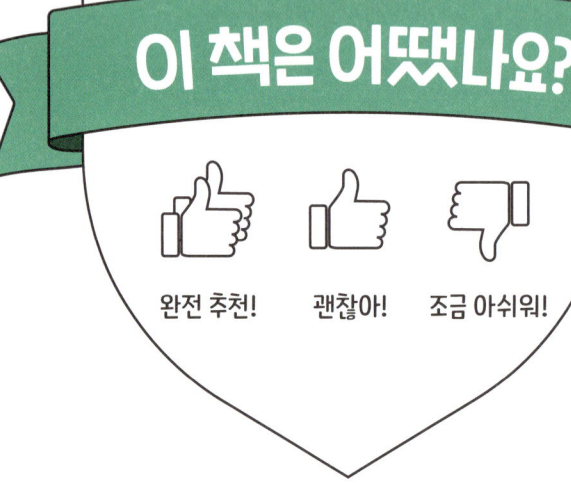

#친절 #사랑 #신뢰 #우정
#관용 #이야기 짓기

글·그림 제임스 마셜
옮김 햇살과나무꾼
출간 2021년(개정판)
펴낸 곳 논장
갈래 외국문학(판타지 동화)

 이 책의 줄거리를 떠올려요

　생쥐, 고양이, 돼지 등 여러 동물들이 등장하는, 배꼽 잡도록 재미있으면서도 교훈까지 담은 여덟 편의 이야기가 실려 있어요.

　생쥐 아가씨와 고양이 아저씨가 우여곡절 끝에 먹이사슬을 뛰어넘고 진실한 친구가 된다는 〈생쥐 아가씨와 고양이 아저씨〉를 비롯해, 〈돼지가 천국에 갔을 때〉, 〈돼지, 차를 몰다〉, 〈생쥐 파티〉, 〈일기 예보하는 돼지〉, 〈돼지, 드디어 철이 들다〉, 〈쥐 목장〉, 〈말똥가리의 유언장〉으로 구성되어 있어요.

1. 단편 요약하기

《생쥐 아가씨와 고양이 아저씨》에는 짧은 이야기들이 가득 담겨 있어요.
각 이야기의 내용을 한 문장으로 '요약'할 수 있나요?
서로 이어질 수 있는 이야기가 있나요? 표의 오른쪽 빈 공간에 구부러진 화살표 ↵로 연결해 보세요.

제목	내용	연관성
생쥐 아가씨		
돼지가 천국에 갔을 때		
돼지, 차를 몰다		
생쥐 파티		
일기 예보 하는 돼지		
돼지, 드디어 철이 들다		
쥐 목장		
말똥가리의 유언장		

2. 이야기 바꾸기

여덟 편의 이야기 중에서 어떤 것이 가장 재미있었나요?
내용을 바꾸고 싶은 이야기를 하나 골라 보세요. 어떤 부분을 바꾸면 좋을까요?
인물, 시간적 배경, 공간적 배경, 사건 등을 바꾸어 이야기를 조금 다르게 바꿔 보세요.

고른 이야기

↓

바뀐 내용

폭포의 여왕

책동아리 모인 날
: 　년　월　일

원제: Queen of the Falls, 2011년

#도전 #용기 #명예 #행복

글·그림 크리스 반 알스버그
옮김 서애경
출간 2014년
펴낸 곳 사계절
갈래 외국문학(사실주의 동화)

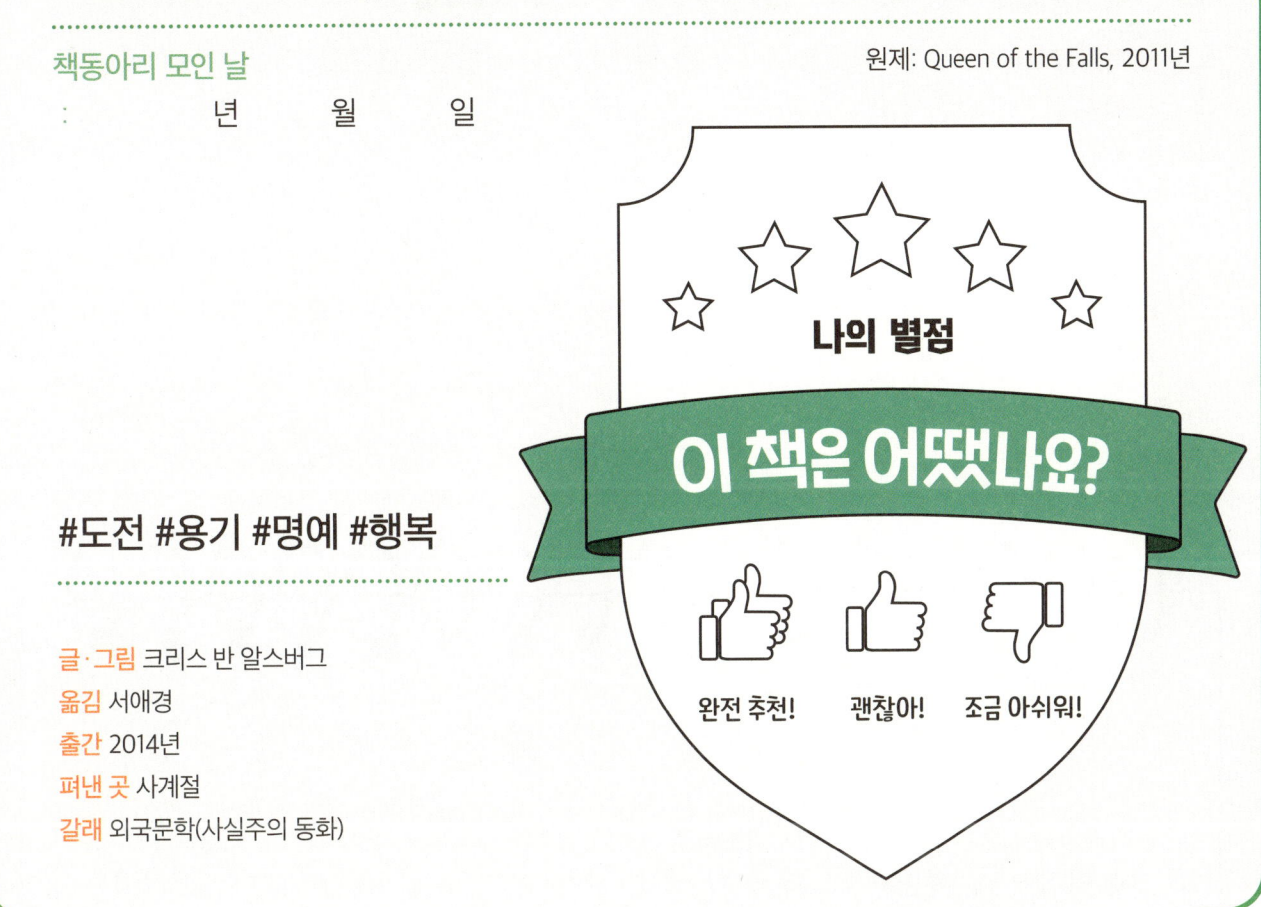

이 책의 줄거리를 떠올려요

　예순두 살의 애니는 운영하던 예절학교의 문을 닫고 좁은 셋방에서 살며 노후를 걱정했어요. 행복한 노년을 위해 명예와 재산이 필요하다는 생각에 다른 사람들이 하지 않은 일을 해내기로 해요. 그래서 나무통 속에 들어가 17층 빌딩만큼 높은 폭포를 타고 내려오는 도전을 하기로 했어요. 애니는 폭포 타기 계획을 세우고 나무통을 직접 설계하고, 계획을 홍보해요. 애니의 폭포 타기는 수천 명이 지켜보는 가운데 성공했어요. 하지만 사람들은 그다지 관심을 보이지 않았고, 애니는 여러 가지 좌절을 겪게 됩니다. 유명해지기는 했지만 명예나 부를 얻지는 못한 애니는 나이아가라 폭포 앞에서 기념품을 팔며 생계를 이어갑니다.

1. 육하원칙 따라 인터뷰 기록하기

오늘은 기자가 되어 볼까요? 최초로 폭포를 타 넘은 할머니를 인터뷰했어요. 기사를 쓰기 위해서는 아래 질문에 대한 답이 필요해요.
육하원칙에 대해 알아봅시다.

> 육하원칙은 기사를 쓸 때 지켜야 하는 기본적인 원칙으로, '누가, 언제, 어디에서, 무엇을, 어떻게, 왜'의 여섯 가지를 말합니다. 육하원칙을 지켜서 글을 쓰면 좀 더 정확하고 자세하게 쓸 수 있고 글을 읽는 사람이 이해하기도 쉬워요.

- 누가 겪은 사건인가요?
  _____

- 언제 일어난 일인가요?
  _____

- 어디에서 일어난 일인가요?
  _____

- 무엇에 대한 사건인가요?
  _____

- 어떻게 일어난 일인가요?
  _____

- 왜 그 일이 일어났나요?
  _____

2. 신문 기사에서 육하원칙 찾기

짧은 신문 기사를 읽어 보세요. 육하원칙이 적용되었나요? '누가, 언제, 어디에서, 무엇을, 어떻게, 왜'를 찾을 수 있나요? 색연필로 표시해 보세요.

(신문 기사 붙이는 곳)

3. 이야기 이후 생각하기

애니는 폭포 타기에 성공했지만, 기대한 것만큼의 명예나 부를 얻지는 못했어요.

애니가 당시에 더 유명해져서 명예를 얻고 부자가 될 방법이 있었을까요?

요즘은 유명해지고, 부와 명예를 얻으려면 어떤 방법이 있나요?

폭포의 여왕

책 읽는 강아지 몽몽

책동아리 모인 날
:   년   월   일

#책 읽기 #도서관 #강아지
#게임중독

글 최은옥
그림 신지수
출간 2014년
펴낸 곳 비룡소
갈래 한국문학(판타지 동화)

이 책의 줄거리를 떠올려요

　책은 싫어하고 게임에만 몰두하는 영웅이를 책으로 이끄는 반려견 몽몽이의 이야기입니다. 책 냄새만 맡아도 기분이 좋아지는 몽몽이는 식구들이 모두 나갔을 때 혼자 책 읽는 시간을 가장 좋아해요. 영웅이가 선물받고 내팽개친 책들은 모두 몽몽이 차지가 되는데, 영웅이가 생일 선물로 받은 번개 시리즈 1권을 읽은 몽몽이는 2권이 너무도 읽고 싶어 시름에 빠집니다. 책을 구하기 위한 몽몽이의 비밀스럽고 특별한 작전이 펼쳐지고, 몽몽이와 너무나 대조적인 영웅이나 반려견 생존 법칙을 일러 주는 얄미운 이웃집 강아지 체리가 재미를 더해 줍니다.

1. 작가 인터뷰 읽기

이 책의 작가 최은옥 선생님의 인터뷰 내용 중 일부예요.
작가님은 왜 이 책에서 '번개의 시간여행'을 뺀 것에 만족하는지 찾아보세요.

몽몽이가 시름시름 앓을 정도로 읽고 싶어 했던 책 '번개의 시간여행'은 무슨 내용인가요?

예전에 쓴 단편에는 '번개의 시간여행'이 어떤 내용인지도 몇 줄 있었는데 장편으로 바꾸면서 그 내용을 뺐어요. 쓰다 보니까 독자가 내용을 직접 상상하는 게 더 재미있을 것 같더라고요. 그리고 빼길 잘했다고 생각해요. 얼마 전에 8살, 9살 여자아이들의 《책 읽는 강아지 몽몽》 독서 후기를 보았는데 아이들이 책을 읽고 나서 몽몽이에게 선물한다며 '번개의 시간여행'을 만들었더라고요. 한 권은 '우주로 간 번개와 몽몽이의 시간여행', 한 권은 '번개의 시간여행 3탄' 이런 제목이었어요. 표지도 있고 글과 그림이 들어 있더라고요. 제가 상상하지 못한 걸 아이들이 표현한 거죠. 너무 뿌듯하고 기분 좋았어요. 아이들이 상상해서 '번개의 시간여행'을 만들 수 있었으니까요.

2. 미니북 만들기

우리도 '번개의 시간여행'을 만들어 봐요. 종이 한 장으로 만들 수 있는 8쪽짜리 미니북이에요.

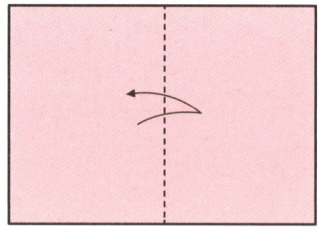

❶ A3 용지를 가로로 놓고 끝을 잘 맞추어 반을 접었다 펴세요.

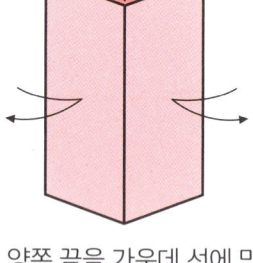

❷ 양쪽 끝을 가운데 선에 맞추어서 반씩 접었다 펴세요.

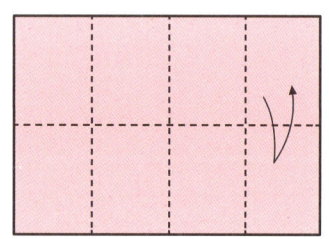

❸ 가로로 절반 접었다 펴면 총 여덟 개의 면이 생겨요.

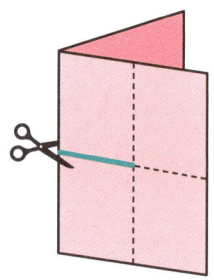

❹ 다시 ❶처럼 반을 접은 후, 그림처럼 접힌 쪽에서부터 표시한 곳까지 가위로 잘라요.

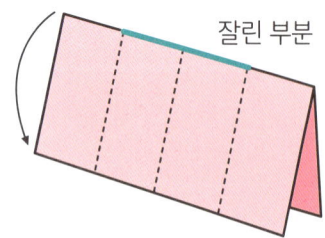

❺ 종이를 펼쳐 가로로 내려 접어요.

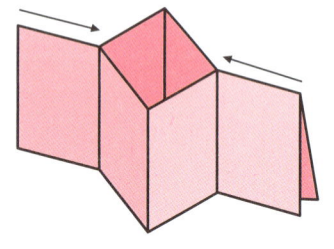

❻ 양쪽 끝을 잡고 가운데로 밀어요.

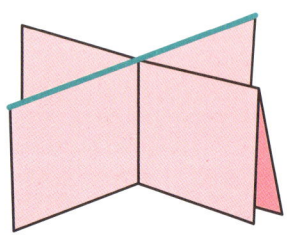

❼ 십자 모양이 됩니다.

❽ 책 모양이 되게 접어요.

- 책 묶기 방법

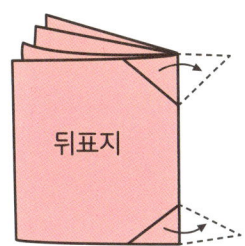

⑨ 미니북의 마지막 면의 책 중심 쪽 위아래를 사선으로 자릅니다.

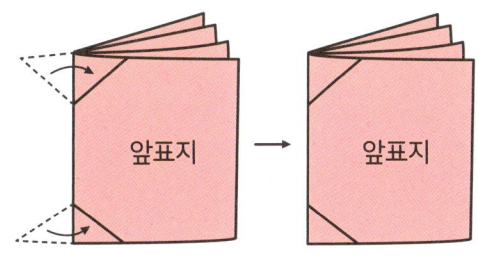

⑩ 자른 부분을 앞표지 쪽으로 가져와 풀칠해 붙여요.

- 책 내용 및 표지 꾸미기

⑪ 8쪽의 각 면에 어떤 내용을 넣을지 생각해요.

⑫ 각 면에 글을 쓰고 그림을 그려요.

⑬ 앞표지를 꾸며요. 제목을 짓고, 표지 그림을 그리고, 지은이도 꼭 써 넣으세요.

⑭ 뒤표지를 꾸며요. 책의 내용을 간단히 요약해 쓰면 좋아요.
바코드를 그려 넣고, 책 가격도 적어요.

⑮ 친구들에게 보여 주세요. 낭독해도 좋아요.

※ 출처: 공인숙·김유진·최나야·한유진 공저, 《아동문학》, 양서원, 2013[2판]

화요일의 두꺼비

책동아리 모인 날
: 　　　년　　월　　일

원제: A Toad for Tuesday, 1974년

#우정 #친구 #관계 맺기
#생일

글 러셀 에릭슨
그림 김종도
옮김 햇살과나무꾼
출간 2014년
펴낸 곳 사계절
갈래 외국문학(판타지 동화)

나의 별점

이 책은 어땠나요?

완전 추천!　　괜찮아!　　조금 아쉬워!

이 책의 줄거리를 떠올려요

　두꺼비 워턴은 딱정벌레 과자를 툴리아 고모에게 가져다 드리려고 겨울잠도 안 자고 한겨울에 길을 나섰어요. 도중에 눈 속에 처박힌 사슴쥐를 구해 준 워턴에게 사슴쥐는 빨간 목도리를 선물로 주었고요. 발을 다친 워턴은 천적인 올빼미에게 붙잡혀 먹잇감이 될 처지에 놓여요. 여섯 밤이 지나면 올빼미의 생일인데, 그 화요일에 올빼미는 워턴을 잡아먹을 예정이래요. 하지만 워턴은 올빼미네 집 청소를 하고, 차를 끓이고, 올빼미에게 말을 건네죠. 시큰둥하던 올빼미는 차를 마시며 누군가와 이야기를 나누는 것이 얼마나 즐거운지를 알아 갑니다. 워턴은 친구도 이름도 없던 올빼미한테 '조지'라는 이름도 지어 주었어요. 화요일이 오자 워턴은 100마리 사슴쥐의 도움을 받아 탈출해요. 조지가 워턴을 위해 차 열매를 구하려다 여우에게 잡혀 위험에 빠진 상황에서요. 둘은 이 긴박한 상황을 해결하고 진짜 친구가 될 수 있을까요?

1. 같은 책 다른 표지 책 표지 비교하기

《화요일의 두꺼비》 책의 다양한 표지예요. 어떤 표지가 가장 마음에 드나요?
표지의 그림을 보고 어떤 장면인지 각각 한두 문장으로 글을 지어보거나, 말풍선 안에 인물 간의 대화를 써 보세요.

2. 이해하여 대답하기

이 책을 재미있게 읽었나요? 이해가 잘 되었는지 다음 질문에 말로 답해 보세요.

- 형은 동생 워턴이 고모집에 가는 것에 왜 반대했나요?

- 워턴은 어떻게 사슴쥐의 딸꾹질을 멈추게 했나요?

- 올빼미는 생일날에 왜 두꺼비를 잡아먹으려고 했나요?

- 올빼미가 낮에 사냥하는 이유는 무엇인가요?

- 올빼미를 잡아먹으려던 여우는 왜 갑자기 도망갔나요?

- 올빼미가 쪽지에 쓴 깜짝 놀랄 만한 것은 무엇을 말하나요?

- 올빼미는 "만약 친구를 사귄다면 너 같은 친구였으면 좋겠어"라고 말합니다. 워턴은 올빼미에게 어떤 친구일까요?

- 올빼미는 생일 특식으로 두꺼비가 아닌 물고기를 먹으려 했어요. 마음이 바뀐 이유는 뭘까요?

3. 조지가 되어 워턴에게 쪽지 쓰기 이야기 완성하기

올빼미 조지가 두꺼비 워턴에게 남겨 놓은 쪽지에는 어떤 말이 적혀 있었을까요?
마음대로 상상해서 써 보세요.

짜증방

책동아리 모인 날
:   년   월   일

#짜증 #걱정 #감정표현
#인성 #태도

글 소중애
그림 방새미
출간 2014년
펴낸 곳 거북이북스
갈래 한국문학(판타지 동화)

이 책의 줄거리를 떠올려요

편식이 심하고 아토피로 고생하는 도도는 짜증대장이에요. 버릇없는 행동을 많이 하고 친구에게도 함부로 대하지요. 어느 날, 도도네 집에 수상한 할머니가 찾아오고, 출장 중인 아빠가 다쳐 엄마마저 중국으로 갑니다. 도도의 짜증은 더 심해지지요. 할머니는 도도에게 맛없는 채소 반찬만 주고 도도가 밥을 굶어도 내버려 둬요. 할머니가 마귀할멈이라고 생각하게 된 도도는 몰래 할머니 방에 들어갔다가 엄청난 비밀을 발견합니다. 방 속에서 다른 방들이 나타나는데, 그 안에서 각각 어린 시절의 도도가 짜증을 내고 있었어요.

1. 작가의 생각 읽기

《짜증방》을 쓰신 소중애 선생님의 인터뷰 기사를 읽고 다음 질문에 답해 보세요.

초반 공항 식당에서의 대화 장면부터 시작해서 주인공 도도를 비롯한 등장인물의 말투, 감정 모두 굉장히 사실적입니다. 이러한 리얼리티는 어떻게 확보하셨는지 궁금합니다.

저는 38년간 초등학교 교사를 했고 동화를 쓴 지도 30년이 넘었어요. 그래서 그런지 아이들이 눈에 잘 들어와요. 어느 장소에서 어떻게 생긴 아이가 어떻게 행동했는가는 비교적 기억을 잘 해요. 그 기억의 조각들이 리얼리티를 살리는 데 많은 도움을 주고 있어요.

동화를 읽기 전 작가의 말을 읽어 보면 이 책을 쓰신 의도가 분명하게 나옵니다. 아이들이 짜증 부리는 버릇을 고쳤으면 하는 바람을 담았다고 하셨는데, 막상 이야기 속에는 이래라저래라 하는 일방적인 설교가 나오지 않아 의외이기도 했습니다. 《짜증방》을 쓰시면서 가장 중점을 둔 부분이 있으신지 듣고 싶습니다.

도도 같은 짜증이들은 남을 생각하는 공감 능력이 부족해요. 사회생활 하는 데 어려움이 많고 행복하지 못하지요. 짜증을 털어 버리면 사랑받는 아이, 귀여운 아이가 될 수 있다는 것을 얘기하고 싶었어요.

초등학교 선생님, 그리고 동화작가라는 직업에는 공통점이 있는 것 같습니다. 아무나 할 수 없는 축복받은 일이면서도 많은 숙제를 안겨 주었을 것 같거든요. 기쁨과 고통이 동시에 따르는 이 두 가지 일을 어떻게 해 오셨는지요.

초등학교 교사와 동화 작가는 축복처럼 잘 맞는 것 같습니다. 아이들을 가르치며 아이들을 잘 알게 되었고, 그 속에서 소재를 구했지요. 그랬다고 아이들이 언제나 즐겁고 사랑스럽게 다가온 것은 아니었어요. 알잖아요, 가끔씩 뒤로 넘어갈 것 같은 것…ㅎㅎㅎ. 그럴 때 저는 동화작가로서 한 발자국 물러나 살펴보고 이해하려고 노력했어요. 그런 노력이 아이들을 더욱 사랑하게 만들었고 내 글을 풍요롭게 했지요. 그건 저에게나 아이들에게 참 다행스럽고 좋은 일이었지요.

- 질문과 답변에 '리얼리티'라는 표현이 나오는데, 무슨 뜻일까요?

- 작가님은 짜증 내는 아이들에게 무엇이 필요하다고 하나요?

- 초등학교 교사라는 직업은 동화작가라는 직업에 어떤 영향을 주나요?

2. 나의 짜증 벽돌 내 경험 떠올리기

짜증은 벽돌이 되어 마음속에 '짜증방'을 만든답니다. 벽돌 안에 나의 짜증 경험을 써 보세요. 다음 질문에 대해 이야기 나누어 보아요.

- 도도가 어릴 때부터 계속 짜증을 낸 이유는 무엇이었을까요?
- 짜증을 내지 말라고만 하면 될까요?
- 내 마음 안의 짜증 벽돌은 얼마큼 쌓여 있나요?

언제

어디서

누가

무엇을

어떻게

왜

내 기분

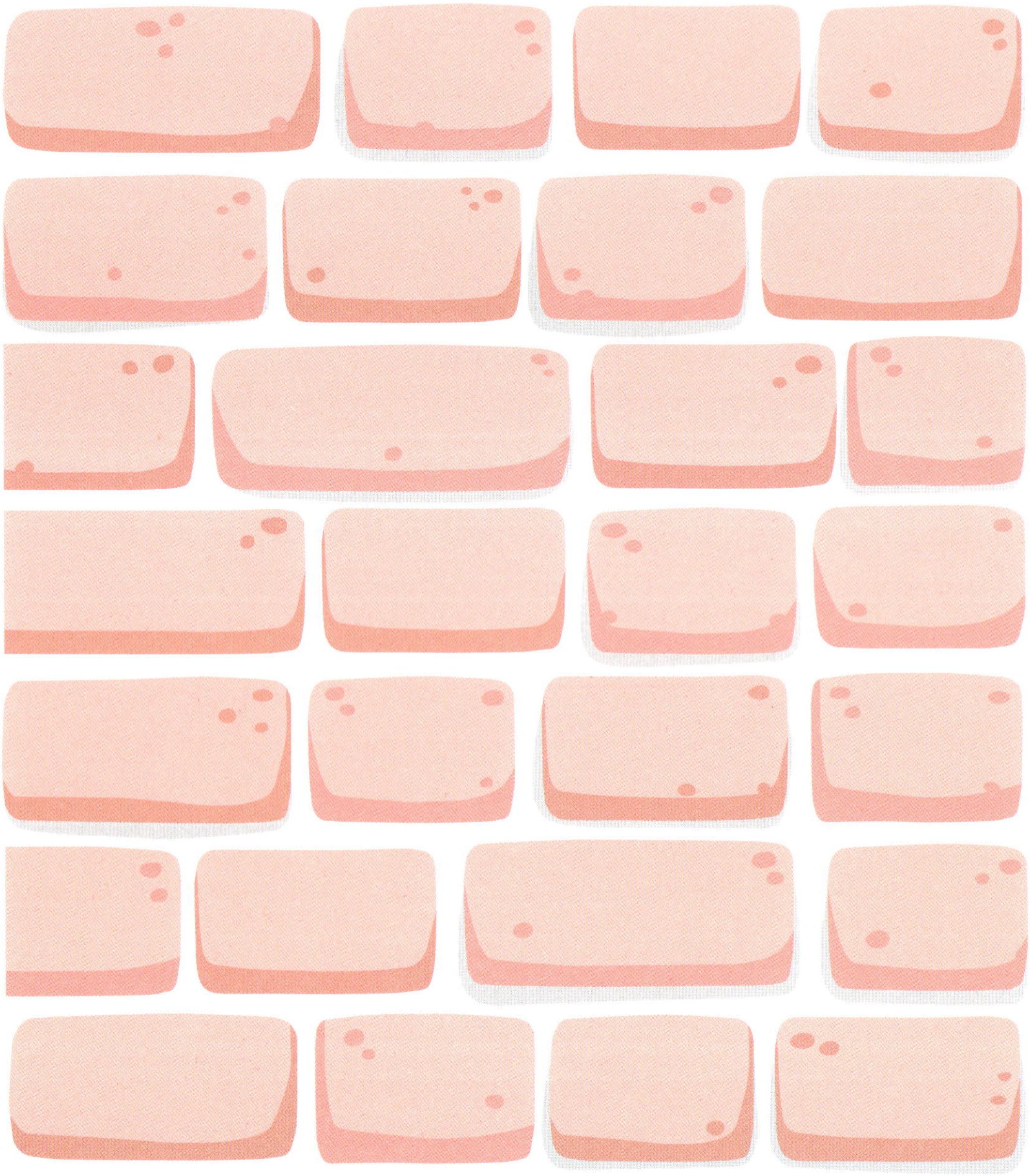

3. 문제 해결 방법 찾기

어떻게 짜증방을 허물 수 있을까요? 나만의 방법을 찾아보세요.

고맙습니다, 선생님

책동아리 모인 날
: 　　년　　월　　일

원제: Thank you, Mr. Falker, 1998년

#교사 #학습 #독서 #극복

글·그림 패트리샤 폴라코
옮김 서애경
출간 2001년
펴낸 곳 미래엔아이세움
갈래 외국문학(사실주의 그림책)

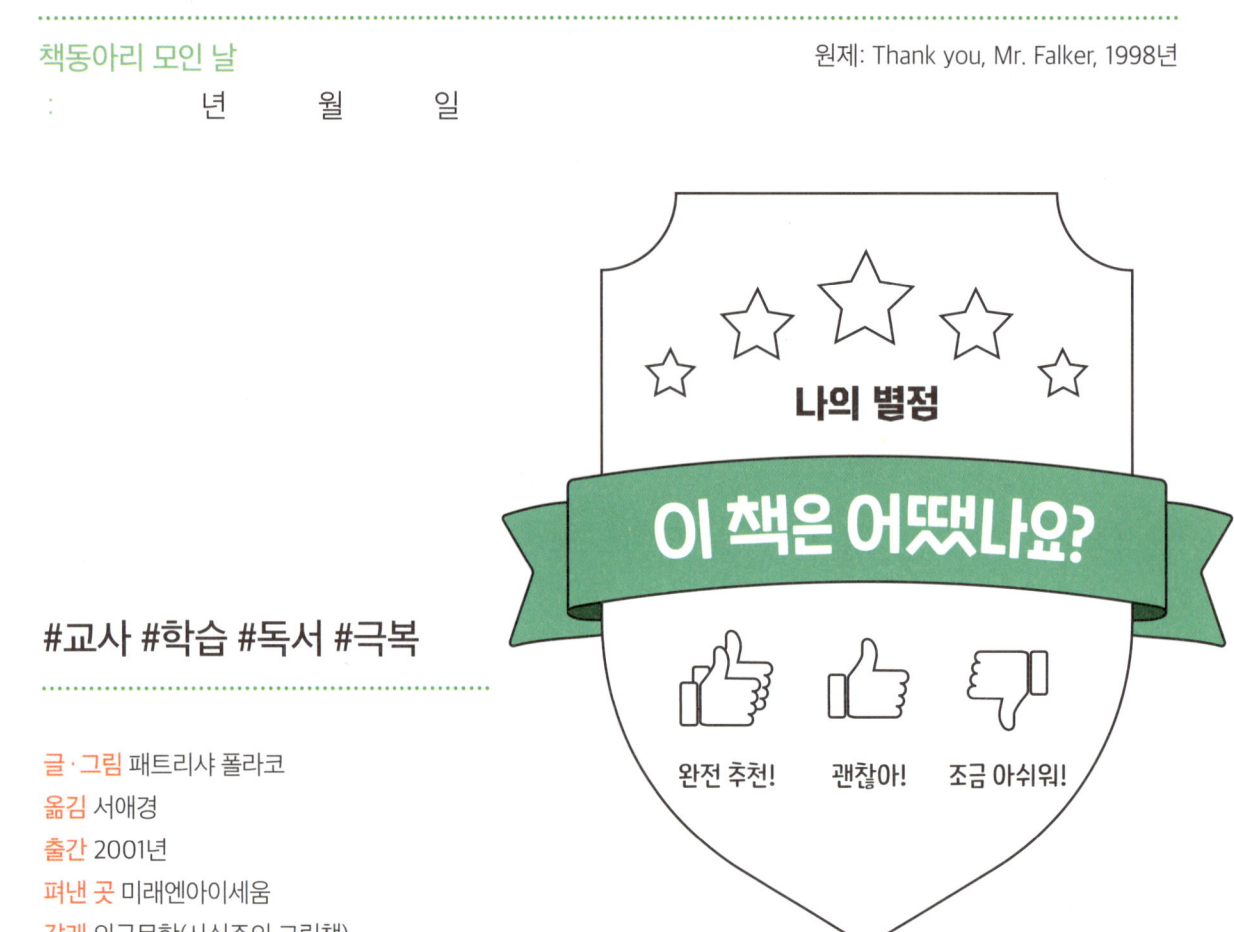

 이 책의 줄거리를 떠올려요

트리샤가 일곱 살이 되던 날, 할아버지는 책에 꿀을 끼얹고는 맛을 보게 하며 트리샤에게 글을 배울 때가 되었음을 알려 줍니다. 그런데 트리샤는 5학년이 될 때까지 글을 읽지 못해 놀림 받고 따돌림까지 당해요. 트리샤가 전학 간 학교에 새로 부임한 폴커 선생님은 트리샤에게 용기를 주고 자신감을 갖게 합니다. 폴커 선생님의 도움으로 트리샤는 마침내 글을 읽게 되지요.

1. 이유 생각하기

작가 패트리샤 폴라코의 자전적인 이야기 《고맙습니다, 선생님》을 읽고, 글에 직접 드러나지 않은 내용에 대해 답해 봅시다. 한두 개의 문장으로 내 생각을 다듬어서 써 보세요.

할아버지가 책 표지 위에 꿀을 얹어 트리샤에게 맛보게 하신 이유는 무엇일까요?

에릭은 왜 트리샤를 계속 놀리며 괴롭혔을까요?

주인공은 왜/어떻게 어린이책 작가가 되었을까요?

고맙습니다, 선생님 87

WORK SHEET

2. 감정 이입하기

다음 장면에서 트리샤의 기분은 어땠을지 생각해 봅시다.

> 자신이 친구들과 '다르다'는 것을 느낀 트리샤는 어떤 기분이었을까요?

> 할머니, 할아버지가 세상을 떠나시고, 새로운 곳으로 이사하게 된 트리샤는 어떤 기분이었을까요?

3. 인물 평가하기

이 책은 트리샤가 선생님께 바치는 이야기로도 볼 수 있어요. 폴커 선생님은 어떤 분이라고 생각하나요?

Chapter 2
2학년을 위한 책동아리 활동지

가방 들어주는 아이

책동아리 모인 날
:   년   월   일

#장애 #친구 #우정 #도움
#봉사 #보상

글 고정욱
그림 백남원
출간 2014년
펴낸 곳 사계절
갈래 한국문학(사실주의 동화)

이 책의 줄거리를 떠올려요

장애 때문에 아이들에게 따돌림받는 영택이의 가방을 들어 준다는 이유로 놀림당하는 석우, 그 둘 사이에 벌어지는 크고 작은 사건과 석우의 갈등이 주된 축을 이룹니다. 처음엔 그저 주어진 일이어서 친구의 가방을 들어 주었는데 칭찬과 상까지 받게 된 석우는 자신의 진짜 마음이 무엇인지 알아차리는 데 어려움을 겪습니다. 몸이 불편한 영택이를 곁에서 지켜보면서 석우의 마음이 조금씩 변화하고, 이는 다른 아이들의 변화도 이끌어 내지요.

1. 주인공의 감정 따라가기

이 책에서 영택이에 대한 석우의 마음은 여러 차례 변합니다. 아래의 각 장면에서 석우는 어떤 마음일지 써 봅시다.

책 속의 장면	석우의 마음
선생님 말씀에 따라 석우는 등·하교 때 영택이의 가방을 들어 주게 되었어요.	
축구를 하다 늦게 가방을 가져갔는데도 영택이 어머니가 초콜릿을 주셨어요.	
문방구 아저씨는 착한 일 한다며 사탕을 주시고, 영택이 어머니가 사 주신 찰흙으로 작품을 잘 만들어 선생님께 칭찬받았어요.	
영택이에게 나쁜 말을 하시는 할머니들께 뭐라고 하며 영택이랑 함께 하교해요.	
3학년 첫날, 망설이던 석우는 2학년 후배들의 수군거림을 듣고 영택이네 집에 안 들르고 등교해요.	
일 년간 영택이의 가방을 들어 주느라 수고했다고 모범상을 받게 되자 엉엉 울어요.	
영택이가 같은 반이 된다는 소식을 듣고 준비물을 챙기러 되돌아가요.	

2. 내 경험 나누기

어린이집, 유치원, 초등학교, 학원 등에서 몸이 불편한 친구를 만난 적이 있나요? 내 경험과 생각을 친구들과 나눠요.

어떤 친구였나요?

그 친구에게 어떤 도움을 주었나요?

그 친구로부터 무엇을 배웠나요?

나는 친구들에게 어떤 도움을 바라나요?

책 먹는 여우와 이야기 도둑

책동아리 모 날
:   년   월   일

원제: Herr Fuchs und der rote Faden, 2015년

나의 별점

이 책은 어땠나요?

완전 추천!   괜찮아!   조금 아쉬워!

#책 #도서관 #독서 #용서

글·그림 프란치스카 비어만
옮김 송순섭
출간 2015년
펴낸 곳 주니어김영사
갈래 외국문학(판타지 동화)

이 책의 줄거리를 떠올려요

《책 먹는 여우》의 후속편으로, 여우 아저씨가 이야기 수첩과 수집품들을 훔쳐 간 범인을 찾는 이야기입니다. 유명한 작가가 된 여우 아저씨는 멋진 집도 생기고 금빛 손잡이가 달린 오토바이도 타고 다니지만, 여전히 책을 읽고 나서 소금과 후추를 뿌려 먹어 치워요. 자신이 쓴 책이 맛있다는 걸 알게 된 여우 아저씨는 열심히 글을 쓰고, 글쓰기 자료를 모으지요. 어느 날 이야기 창고에 도둑이 들고, 경찰이 별 도움이 안 되자 여우 아저씨는 직접 범인을 잡으려 해요. 도서관 천장에서는 생쥐가 훔친 자료들을 쌓아 놓고 열정적으로 글을 쓰고, 두더지는 글을 어떻게 쓰는지 알 수 없어 훔친 수첩을 물어뜯고 있었지요.

1. 이해 확인하기

책을 읽고 다음 질문에 대답해 보세요.

• 마음씨가 고운 여우 아저씨는 이야기 도둑에게 은혜를 베풀어 주었지요. 어떤 은혜일까요?

• 등장인물들 중에서 가장 큰 변화를 겪은 인물은 누구인가요? 왜 그렇게 생각하나요?

2. 나에게 적용하기

몽털 씨는 막연하게 작가가 되고 싶었지만 그런 재능이 없는 것에 좌절했어요. 대신 도서관 일을 잘해서 인기가 많았어요. 결국 자신의 재능과 흥미에 대해 잘 알고 나서 행복해졌지요. 이 책은 자신이 잘하는 것과 좋아하는 것, 꿈에 대해 생각해 볼 기회를 줍니다.

내 꿈을 향해 나아가기 위해 내가 좋아하면서도 잘하는 것이 무엇인지 알아보아요. 벤 다이어그램에 내가 잘하는 것과 좋아하는 것을 써 보세요. 가운데 겹치는 부분에 들어갈 수 있는 것은 무엇인가요?

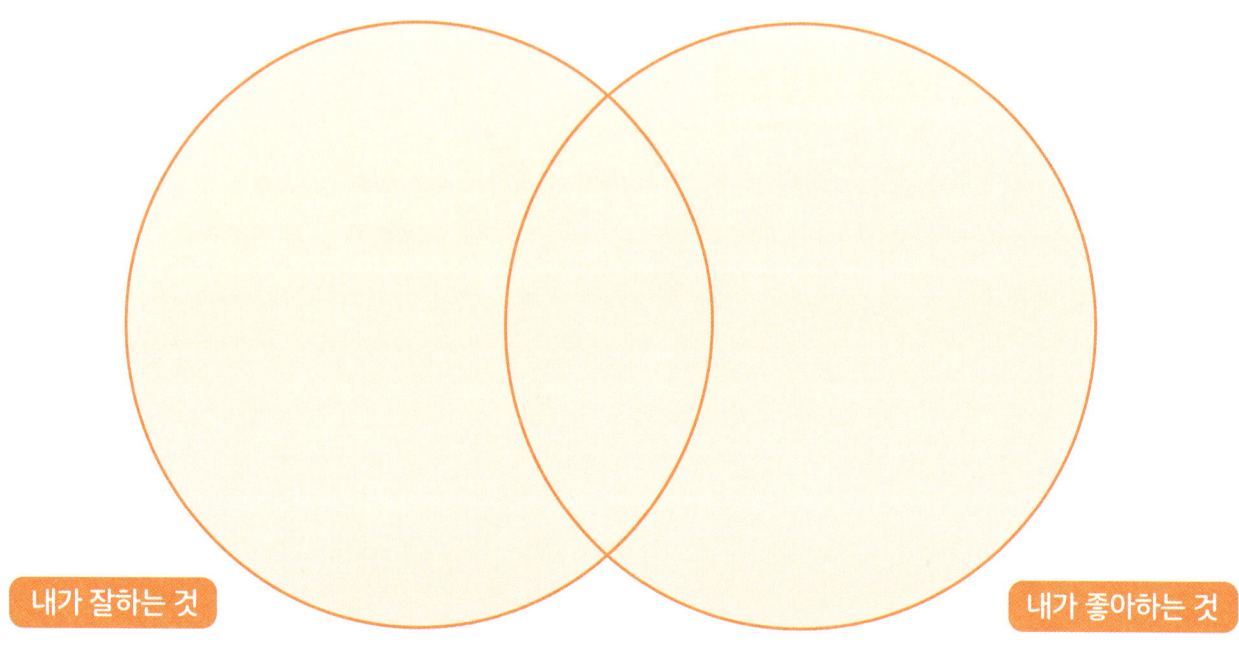

3. 새로운 이야기 만들기

여우 아저씨가 도둑맞았던 물건들의 목록이에요. 어떤 이야기로 다시 태어나게 되었을까요?

	무늬가 다른 주인 없는 낡은 우산	5개
	빵집/서점/숲의 향기를 담은 유리병	7개
	뱃사람들의 모험 이야기를 가득 담은 상자	1개
	꽤 많이 모은 돌	
	수북한 깃털	
	돌보다 많이 모은 지팡이	
	뚜껑이 요상한 신비로운 깡통	1개
	돌구슬을 모아 둔 유리병	1개
	부러진 볼펜	1개

- 한두 개 소재를 골라 흥미로운 이야깃거리로 만들어 보세요.
- 무슨 이야기인지 주제를 써 보세요.
- 나만의 이야기를 총 세 개 만들어요.
- 목록에 없는 소재를 끼워 넣어도 괜찮아요.

내가 고른 소재	이야기의 주제

4. 새로운 이야기 쓰기

위에서 가장 마음에 드는 이야기 하나를 골라 길게 써 보아요. 제목도 정해 보세요.

나쁜 어린이 표

책동아리 모인 날
:   년   월   일

#학교생활 #교사와 학생
#평가 #선과 악

글 황선미
그림 이형진
출간 2017년(개정판)
펴낸 곳 이마주
갈래 한국문학(사실주의 동화)

이 책의 줄거리를 떠올려요

  새 학년이 된 건우는 반장 선거에서 떨어지던 날에 제일 먼저 나쁜 어린이 표까지 받게 돼요. 본의 아니게 자꾸만 나쁜 어린이 표를 받은 건우는 결과만 보고 판단하는 선생님에 대한 불만으로 나쁜 선생님 표를 만들어요. 선생님 책상에서 나쁜 어린이 표가 잔뜩 들어 있는 통을 발견해서 화장실에 버리고요. 건우는 진짜 나쁜 어린이가 아니라 옳고 그름을 잘 알지만 자신도 모르게 자꾸 실수를 하게 되는 아이였어요. 다행히 건우의 마음을 잘 헤아린 선생님도 나쁜 선생님 표를 받을 만한 분은 아니었겠지요. 나쁜 어린이 표가 아이들에게 어떤 상처와 부담을 주는지 선생님도 건우를 통해 다시 한번 생각해 보게 된 것 같아요.

WORK SHEET

1. 황선미 작가에게 일어났던 일 *작가의 글 살펴보기*

먼저 《나쁜 어린이 표》의 황선미 작가에게 일어났던 일을 읽어 봅시다.
가장 인상 깊은 한 문장을 골라서 써 보세요.

2. 원인에 따른 결과(마음) 헤아리기

《나쁜 어린이 표》는 모두 아홉 개의 장으로 이루어져 있어요. 각 장에서 일어난 중심 사건을 찾아써 보세요. 그리고 그 사건(원인)으로 인한 주인공 건우의 마음(결과)은 어땠을지 헤아려 써 보세요.

장 제목	중요한 사건	건우의 마음
반장 선거		
지각		
노란색 스티커		
규칙		
과학 상자		

과학 경진대회 날		
친구		
스티커 뭉치		
우리끼리 비밀		

3. 내 생각 말하기

다음 주제에 대해 이야기해 봅시다.

- 어린이집, 유치원이나 학교에서 상을 받았던 적이 있나요? 벌은요?

- 지금 우리 반에는 어떤 상 제도가 있나요?

- '나쁜 어린이 표'는 '착한 어린이 표'와 무엇이 다른가요? 어떤 게 더 효과적일까요?

- 우리 학교, 우리 반에서 이 책에 나오는 '나쁜 어린이 표'를 받게 된다면 어떨 것 같아요?

멋진 여우 씨

책동아리 모인 날
:   년   월   일

원제: Fantastic Mr. Fox, 1974년

#공동체 #상생 #도덕
#도둑질 #가족 #가장

글 로알드 달
그림 퀸틴 블레이크
옮김 햇살과나무꾼
출간 2017년(개정판)
펴낸 곳 논장
갈래 외국문학(판타지 동화)

나의 별점

이 책은 어땠나요?

완전 추천!   괜찮아!   조금 아쉬워!

이 책의 줄거리를 떠올려요

　탐욕스러운 세 농부와 그들을 골탕 먹이며 가축을 잡아가는 멋진 여우 씨와의 한판 대결을 담고 있어요.

　보기스, 번스, 빈은 다들 악독하고 탐욕스러운 농장주예요. 세 농부는 자신들의 농장에서 먹을거리를 훔쳐 가는 여우 씨가 눈엣가시입니다. 여우 씨네를 완전히 박멸하기 위해 동분서주하지만, 조심성 많고 꾀 많은 여우 씨는 창고 아래로 굴을 파서 편히 드나들 수 있게 만들지요. 여우 씨는 자신 때문에 고립된 동물들을 모두 불러 만찬을 엽니다. 여우 씨는 굶어 죽을 현실도 거부하고 포기를 모르는 노력가이자 아이디어가 넘치는 지적인 활동가예요.

1. 인물 특징으로 제목 바꿔 보기

《멋진 여우 씨》의 영문 제목은 《Fantastic Mr. Fox》랍니다.
주인공 여우 아저씨는 어떤 캐릭터인지 '멋진' 이외의 다른 말(형용사)로 나타내 보세요.

WORK SHEET

2. 장 제목으로 줄거리 완성하기

《멋진 여우 씨》의 각 장 제목을 활용해 책의 줄거리를 써 봅시다.

- 제목이 포함되도록 하나의 문장(또는 구)을 만들어요.
- 제목과 제목 사이에 알맞은 표현을 채워 넣어 내용이 매끄럽게 이어지게 해 보세요.
- (제목에 줄을 그어 지우거나 순서를 바꾸어) 제목의 표현을 살짝 바꾸어도 괜찮아요.

세 농부

여우 씨

총 쏘기

무시무시한 굴 파기

무시무시한 굴착기

누가 누가 빨리 파나

'절대로 놓치지 않을 거야'

여우 씨네 식구들이 굶주리다

여우 씨가 꾀를 내다

보기스의 1호 닭장

여우 씨 부인을 위한 깜짝 선물

오소리

번스의 거대한 창고

오소리가 걱정하다

빈의 비밀 사과주 창고

아주머니

큰 잔치

여전히 기다리다

그림자 도둑

책동아리 모인 날
:   년   월   일

#학교 #공부 #친구 #왕따
#그림자

글 임제다
그림 배현정 그림
출간 2014년
펴낸 곳 웅진주니어
갈래 한국문학(판타지 동화)

이 책의 줄거리를 떠올려요

   그림자를 잃은 친구를 놀리던 대호도 그림자를 잃고, 졸지에 그림자 도둑으로 몰려요. 대호는 누명을 벗기 위해 진짜 범인을 잡으러 찾아 나서지요. 사실은 학교, 집, 학원처럼 건물에 갇혀 공부만 해야 하는 아이들의 신세에 그림자마저 자유를 갈구하는 사태가 벌어진 것이었어요.

WORK SHEET

1. 내용 이해하기

이 책을 재미있게 읽었나요? 다음 질문에 대해 생각해 보고 함께 이야기를 나눠요.

- 대호는 어떤 아이인가요?
- 이호기는 어떤 아이인가요?
- 사람들은 사라진 그림자에 무슨 일이 일어났다고 생각했나요?
- 대호가 찾아낸 중요한 단서는 무엇인가요?
- 실제로 그림자들은 왜 사라진 걸까요?
- 이 이야기에서 그림자가 나타내는 것(상징)은 무엇일까요?

2. 이야기의 구멍 메우기

이 책의 마지막 부분을 다시 훑어볼까요? '그림자 장군' 대호가 사건을 해결하고 난 다음인 마지막 장의 제목은 '행복한 그림자들'이에요.
작가가 책을 쓸 때 모든 이야기를 다 알려 주는 것은 아니랍니다. 이야기에 '공란(구멍)'이 있다는 뜻이에요. 책을 읽는 독자는 스스로 그 구멍을 메워 가며 읽게 되지요.
이 책의 결말 '행복한 그림자들' 앞에서는 어떤 일들이 있었을까요? 상상해서 써 보세요.

3. 나와 연결하기

다음 질문에 대한 답을 생각한 뒤 그림자 옆에 써 보세요.

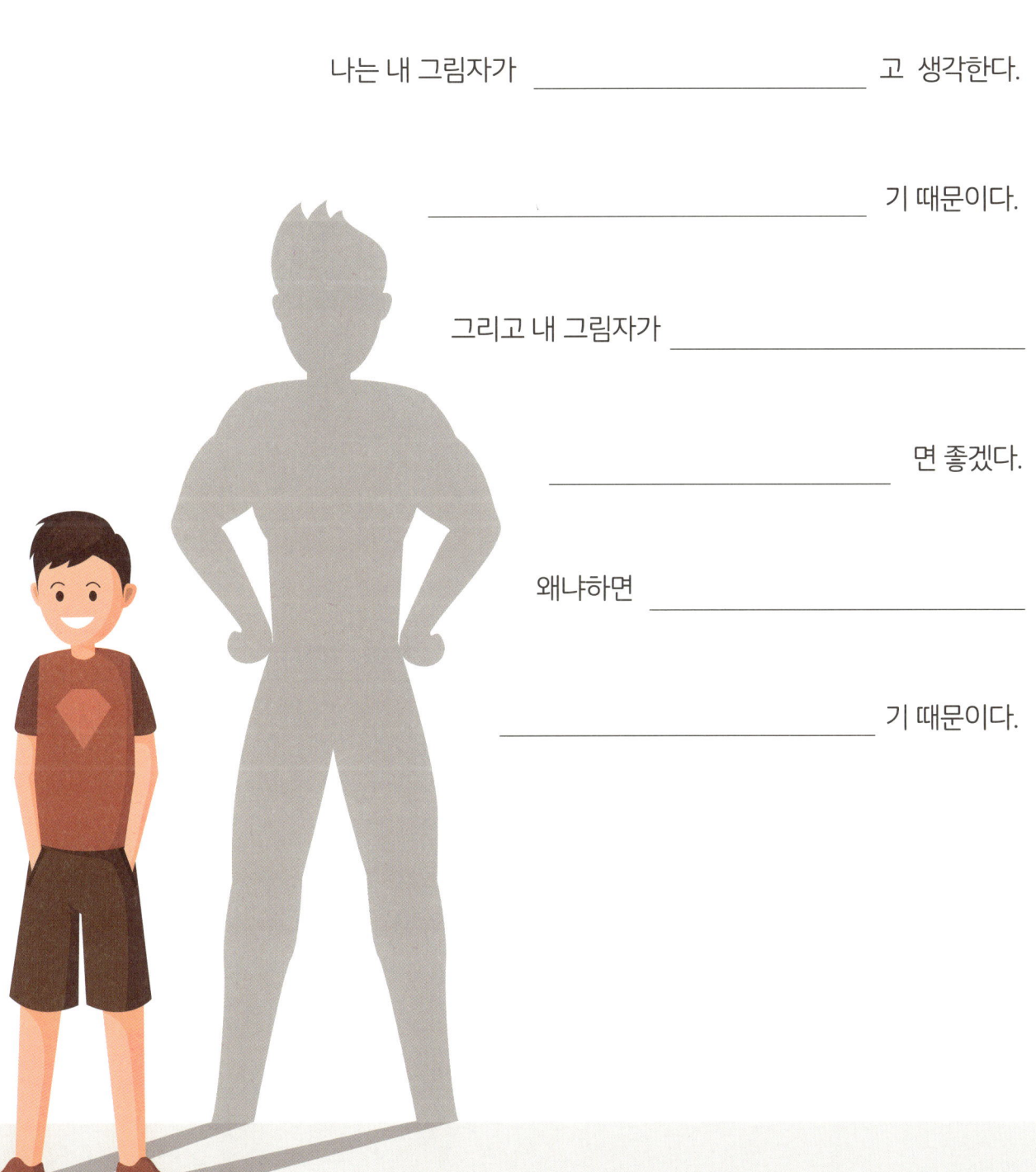

나는 내 그림자가 _____ 고 생각한다.

_____ 기 때문이다.

그리고 내 그림자가 _____

_____ 면 좋겠다.

왜냐하면 _____

_____ 기 때문이다.

오즈의 마법사

책동아리 모인 날　　　　　　　　　　　　원제: The Wonderful Wizard of OZ, 1900년
：　　　년　　월　　일

#마법 #모험 #용기 #희망
#지혜 #마음 #자존감

글 라이먼 프랭크 바움
그림 리즈베트 츠베르거
엮음 한상남
출간 2008년
펴낸 곳 어린이작가정신
갈래 외국문학(판타지 동화)

 이 책의 줄거리를 떠올려요

　회오리에 휩쓸려 신비한 세계로 날아간 도로시는 캔자스의 고향으로 돌아가기 위해 위대한 마법사 오즈를 찾아가요. 도중에 똑똑해지고 싶은 허수아비, 심장이 필요한 양철 나무꾼, 겁쟁이 사자를 만나 함께 여행을 하지요. 도로시 일행이 힘을 합쳐 서쪽 마녀를 물리치자 오즈는 허수아비에게 두뇌를, 양철 나무꾼에게 심장을, 사자에게 용기를 상으로 주었지요. 도로시는 신고 있던 은색 구두의 굽을 맞부딪쳐 무사히 고향으로 돌아갑니다.

1. 묘사하는 글 읽고 삽화 그리기

《오즈의 마법사》를 다시 훑어보면서 '묘사하는 표현'을 찾아봅시다.
이야기의 배경이나 인물, 또는 사건을 자세하게 설명하면서 마치 눈에 보이듯이 만들어 주는 부분을 찾으면 됩니다. 가장 마음에 드는 장면을 골라 묘사하는 문장들을 그대로 써 보세요. 그리고 그 장면을 상상해서 색연필로 그려 보세요.

2. 동서남북 네 마녀 인물의 특성과 관계 나타내기

이 책에는 동서남북 네 마녀가 등장해요.
이야기에 나오는 순서대로 표의 왼쪽 괄호 안에 ①, ②, ③, ④ 숫자를 쓰세요. 그리고 오른쪽 괄호 안에는 착한 마녀에겐 O표, 나쁜 마녀에겐 X표를 하세요. 도로시 또는 친구들에게 각 마녀는 어떤 인물인가요? 무슨 일이 있었는지 써 보세요.

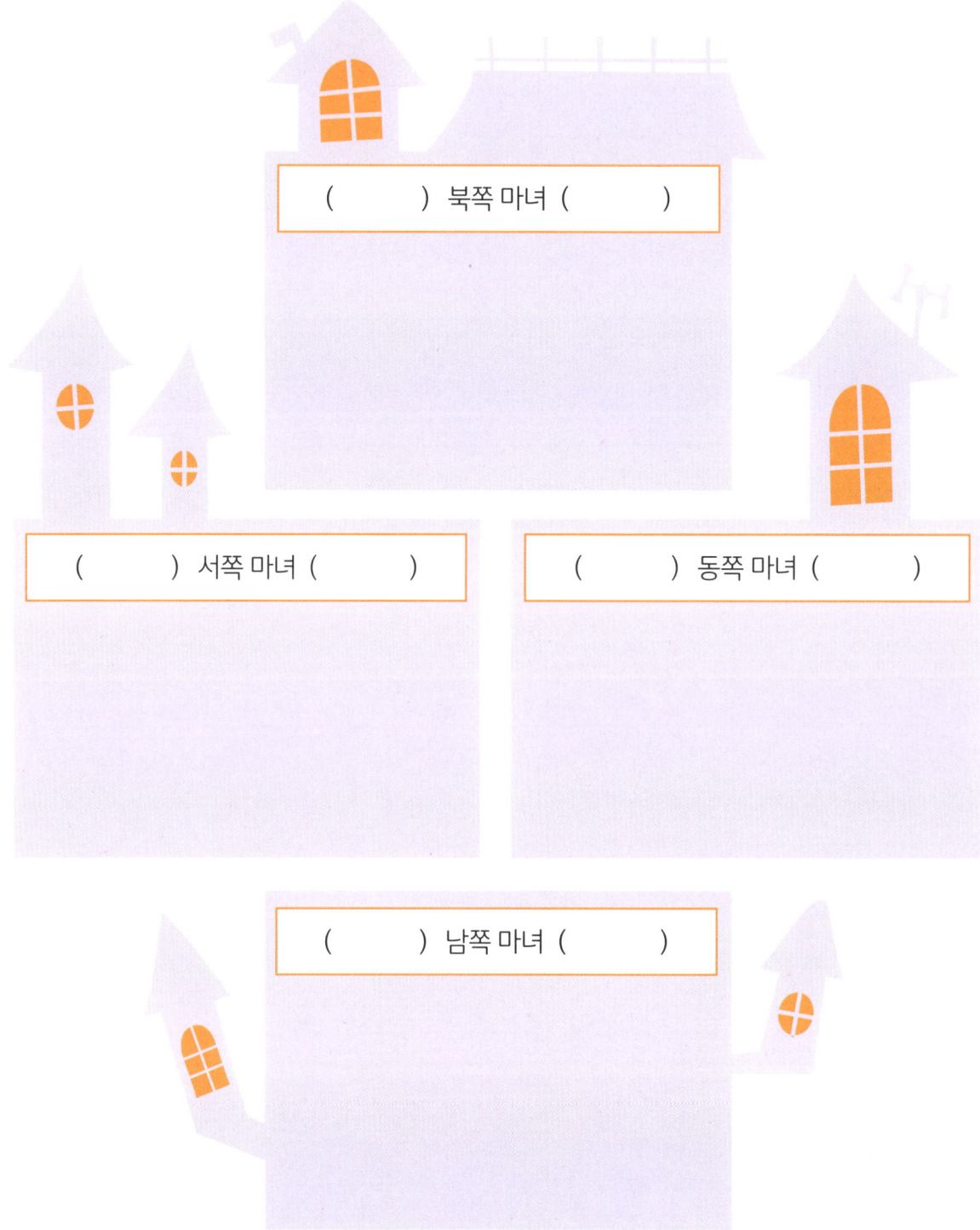

(   ) 북쪽 마녀 (   )

(   ) 서쪽 마녀 (   )

(   ) 동쪽 마녀 (   )

(   ) 남쪽 마녀 (   )

라면 맛있게 먹는 법

책동아리 모인 날
: 　　　년　　　월　　　일

#의성어 #의태어 #비유
#리듬 #말의 재미

글 권오삼
그림 윤지회
출간 2015년
펴낸 곳 문학동네
갈래 한국문학(동시집)

이 책의 줄거리를 떠올려요

아이들의 생활과 이어지는 반짝이는 아이디어와 재미난 말이 가득해요. <쨱쨱가 모르면>, <저 달도 맛있겠다>, <제일 얄미운 봉지는>, <보이는 가시와 안 보이는 가시>, <개 불알 닮은 씨앗> 등 5부 안에 모두 68편의 천진하고 유쾌한 시가 실려 있습니다. 자연물, 동물, 일상적 물건, 한글 자음 등 아이들이 주변에서 흔히 경험하는 소재를 참신한 눈으로 바라보고 맛깔스럽게 풀어냈어요.

1. 동시 탐색하기

《라면 맛있게 먹는 법》에 실린 동시들을 보면서 뜻을 생각해 봅시다.

- 〈낙지〉의 3연에서 '발로 소리치는'은 무슨 뜻일까요?

- 〈조기 한 두름〉에서 '두름'은 '조기 따위의 물고기를 짚으로 한 줄에 열 마리씩 두 줄로 엮은 것. 또는 그 단위'를 말해요. 그럼 모두 몇 마리일까요?

- 〈눈 온 아침〉에서 하얀 것은 모두 몇 개인가요? 그리고 그중에서 진짜로 하얀색일 수 없는 것을 찾아보세요.

- 앞의 동시 세 편(〈낙지〉 22쪽, 〈조기 한 두름〉 23쪽, 〈눈 온 아침〉 58쪽)에서 모양이나 움직임을 흉내 낸 '의태어'는 빨간색 색연필로, 소리를 흉내 낸 말인 '의성어'에는 파란색 색연필로 써 보세요.

의태어	의성어

2. 비유 이해하기

비유란 '어떤 현상이나 사물을 직접 설명하지 않고 다른 비슷한 현상이나 사물에 빗대어서 설명하는 일'을 뜻해요. 다음 세 편의 시에서(〈헬리콥터〉 30쪽, 〈전투기〉 32쪽, 〈주걱〉 38쪽) 비유한 표현을 찾아 쓰고 원래 표현과 연결해 봅시다.

직유법	비슷한 성질이나 모양을 가진 두 사물을 '같이', '처럼', '듯이'와 같은 연결어로 결합하여 직접 비유함	예) '여우처럼 교활한 사람', '포로들처럼 꽁꽁 묶인 조기'
은유법	사물의 상태나 움직임을 암시적으로 나타내어 비유함	예) '내 마음은 호수'

시	원래 표현	비유 종류
헬리콥터		
전투기		
주걱		

3. 시어로 놀기

다음 질문에 답해 보세요.

- 〈모여라 교실〉에서는 -어, -치, -귀로 끝나는 물고기 이름이 나옵니다. 이 시에 들어갈 수 있는 물고기 이름을 더 생각해 보세요. 다른 글자로 끝나는 물고기도 생각해 보세요.

-어로 끝나는 것	-치로 끝나는 것

-귀로 끝나는 것	기타

- 〈짝짓기〉에는 서로 짝이 되는 단어들이 함께 나옵니다. 이 시에 들어갈 수 있는 다른 짝꿍 낱말들을 생각해 보세요. 내가 시인이라면 그중에서 어떤 것을 넣고 싶나요?(왜?)

- 〈같은 이름〉의 모든 행은 서로 의미가 같지만, 다른 단어인 동의어로 이루어져 있어요. 방언(사투리)인 경우(예: 부추-정구지)도 있고, 그렇지 않은 경우(예: 아버지-아빠)도 있습니다. 순우리말과 한자어 또는 외래어 쌍도 있어요. 이처럼 같은 뜻을 가진 다른 낱말 짝꿍들을 찾아보세요. 시의 표현처럼 써볼까요?

- 〈고렇게 우니까〉는 동물의 울음소리와 이름을 연결하고 있어요. 이 시에 들어갈 수 있는 다른 동물을 찾아보세요. 시의 쓰인 표현처럼 쓰세요.

4. 시의 재미 찾기

아래의 시에서는 각각 어떤 점이 재미를 주나요?

그림자	
라면 맛있게 먹는 법	
난 착한 개미귀신	
약	
잣과 꿀밤	

마법의 설탕 두 조각

책동아리 모인 날
:   년   월   일

원제: Lenchens Geheimnis, 1991년

#부모 #가족 #성장기
#갈등 해소
#마법 #선택 #책임

글 미하엘 엔데
그림 진드라 차페크
옮김 유혜자
출간 2001년
펴낸 곳 소년한길
갈래 외국문학(판타지 동화)

이 책의 줄거리를 떠올려요

이제 막 초등학교에 입학한 소녀 렝켄은 부모님이 자신이 원하는 것을 들어주지 않는다고 생각해 불만이 많습니다. 그래서 렝켄은 빗물거리의 요정을 찾아가고, 요정으로부터 부모님이 말을 들어주지 않을 때마다 키가 절반으로 줄어드는 마법의 설탕 두 조각을 얻게 되지요. 부모님이 어느새 여러 번 줄어 10cm 남짓이 되자, 렝켄은 무서워도 부모님에게 안길 수 없었고, 열쇠 없이 밖에 나갔다가 집에 들어갈 수도 없게 되었어요. 다시 요정을 찾아가 시간을 돌려 달라고 하자, 이번에는 렝켄이 설탕을 먹어야 한다네요. 우여곡절 끝에 렝켄은 결국 부모님께 비밀을 털어놓고, 현명한 아빠의 도움으로 문제는 해결됩니다.

1. 장면의 느낌 묘사하기

렝켄이 빗물거리와 바람거리로 요정 프란치스카 프라게차익헨을 찾아가는 장면의 느낌은 어떤가요?
그 이유는 무엇일까요?

2. 대사 찾기

책을 보고 인물의 말을 찾아보세요.

렝켄과 부모님의 대화 중에서 가장 인상적인 말은 무엇인가요?

프프요가 렝켄에게 자주 했던 말버릇은 무엇인가요?

3. 이야기 꾸미기

'렝켄의 비밀' 부분에서 렝켄이 부모님의 말을 거역했을 때, 정말로 몸이 줄어들었다면 이야기의 결말이 어떻게 되었을까요? 상상해서 써 보세요. 판타지(환상) 동화에서는 어떤 일도 일어날 수 있어요!

로미오와 줄리엣

책동아리 모인 날
:   년   월   일

원제: Romeo and Juliet, 1999년, 원작 1597년

#비극 #사랑 #원수 #운명

원작 윌리엄 셰익스피어
편저 브루스 코빌
그림 데니스 놀란
옮김 구자명
출간 2002년
펴낸 곳 미래M&B(미래아이)
갈래 외국문학(희곡, 그림책)

나의 별점

이 책은 어땠나요?

완전 추천! 괜찮아! 조금 아쉬워!

이 책의 줄거리를 떠올려요

이탈리아의 베로나에서 몬테규가와 캐플릿가 사람들은 오랜 세월 싸움을 벌여 왔어요. 몬테규 집안의 아들 로미오와 캐플릿 집안의 딸 줄리엣은 어느 날 밤 무도회에서 우연히 만나 사랑에 빠지고, 로렌스 신부의 도움으로 비밀 결혼식을 올려요. 그러나 안타깝게도 로미오가 두 집안 사람들의 싸움에 휘말려 드는 바람에 줄리엣의 사촌을 죽이고 추방을 당하지요. 줄리엣은 신부님의 도움으로 로미오와 다시 만날 계획을 세우지만, 이들 앞엔 비극적인 운명이 기다리고 있습니다.

※ 이 책은 현재 절판된 책이에요. 해당 책을 도서관이나 중고 서점에서 구할 수 있어요. 만약 구하지 못했을 경우에는 《어린이를 위한 로미오와 줄리엣》(로이스 버뎃 지음, 강현주 옮김, 찰리북, 2009)이나 《로미오와 줄리엣》(서울대학교 아동문학연구회 편저, 마리 로즈 부아송 그림, 삼성출판사, 2018)으로 대체해 보세요.

1. 작가와 장르 이해하기

《로미오와 줄리엣》은 셰익스피어가 쓴 희곡이에요. 원래 유럽에 있던 이야기를 바탕으로 지은 것이랍니다. 먼저 세계적으로 유명한 이 작가와 희곡이라는 문학 장르에 대해 알아봅시다.

윌리엄 셰익스피어(William Shakespeare, 1564~1616)
- 국적: 영국
- 주요 작품: 베니스의 상인, 햄릿, 맥베스, 로미오와 줄리엣, 리어왕, 오셀로, 말괄량이 길들이기, 헛소동 등(밑줄 그은 작품은 그의 4대 비극이에요.)

희곡(Drama)이란?
시, 소설, 비평과 함께 문학의 대표적인 장르로 무대 공연을 위해 쓰인 대본을 말합니다.

2. 인물 간 관계 나타내기

《로미오와 줄리엣》에 등장하는 인물들을 그린 뒤 가위로 오려 다음 활동지(122~123쪽)에 붙이고, 어떤 사람인지 묘사해 보세요. 화살표와 선을 이용해 인물 간의 관계를 표시해 보세요.

줄리엣	로미오	벤볼리오
머큐쇼	캐플릿 부인	유모
로렌스 신부	티볼트	캐플릿 경
패리스 백작	로잘린	몬테규 경

3. 희곡의 대사 바꿔 쓰기

이 책에 나오는 인물들이 하는 말은 어떤 느낌인가요?

왜 그런 느낌이 든다고 생각하나요?

다음 대사를 바꾸어 써 보세요.

- 로미오: "사랑은 한숨이 타오르면서 만들어내는 연기로다. 너무나 말짱한 정신으로 하는 미친 짓이고, 숨통을 틀어막는 쓴 약이로다."

  →

- 줄리엣: "오, 독사의 심장을 가진 이여! 오, 천사의 얼굴을 한 악마여! 로미오, 당신은 겉모습과 어떻게 그리도 다른가요."

  →

《로미오와 줄리엣》 인물 관계도

119쪽에서 그린 인물 그림을 잘라 붙여 인물 관계도를 만들어 보세요.

WORK SHEET

4. 결말 바꿔 쓰기

《로미오와 줄리엣》의 결말은 슬프지요? 대표적인 비극적 결말(Sad Ending)이랍니다. 만약 이 이야기가 행복하게 끝난다면 어떻게 되었을까요? 마음대로 상상해서 결말을 써 보세요.

동백꽃

책동아리 모인 날
: 년 월 일

#이성 #첫사랑 #싸움 #농촌
#해학 #근대소설

글 김유정
그림 김세현
출간 2013년
펴낸 곳 미래엔아이세움
갈래 한국문학(사실주의 그림책)

나의 별점

이 책은 어땠나요?

완전 추천! 괜찮아! 조금 아쉬워!

이 책의 줄거리를 떠올려요

  가난한 산골 마을의 조숙한 소녀와 어수룩한 소년의 첫사랑 이야기입니다. 점순이와 나, 두 주인공만 등장해요. 두 인물의 심정을 대변해 주는 닭들이 나오고요. 매섭고 적극적인 점순이처럼 점순이의 닭도 공격적이고, 왜 당하는지조차 모른 채 싸우는 소년네 수탉은 딱 주인을 닮았습니다.

※ 이 책은 현재 절판된 책이에요. 해당 책을 도서관이나 중고 서점에서 구할 수 있어요. 만약 구하지 못했을 경우에는 《동백꽃》(김유정 원저, 최승랑 그림, 산책, 2020)으로 대체해 보세요.

1. 점순 vs. 나 인물 비교 분석하기

《동백꽃》의 두 인물을 비교하여 분석해 봅시다. 점순과 '나'는 어떤 점이 비슷하고, 어떤 점이 다른가요?

점순	나

2. 동백꽃? 생강꽃! 사물의 특징 파악하고, 작품의 소재 알기

동백꽃과 생강꽃이에요. 두 꽃을 비교해 보세요.

동백꽃	생강꽃

3. 낱말의 뜻 추측하며 읽기

이 책에는 뜻을 몰라서 어렵게 느껴지는 낱말이 많았지요?
아직 의미를 모르는 낱말이 있어도 글의 내용을 추측하며 읽을 수 있답니다. 다음 문장이 어떤 뜻일지 추측해 보세요.
그리고 실제 단어의 뜻을 찾아서 정확한 뜻으로 다시 써 보세요. 차이가 큰가요?

- 암탉이 <u>풍기는</u> 서슬에 나의 <u>이마빼기</u>에다 물찌똥을 찍 갈겼는데

  나의 추측

  정확한 뜻

- 이렇게 되면 나도 다른 <u>배채</u>를 차리지 않을 수 없다.

  나의 추측

  정확한 뜻

- 다시 <u>면두</u>를 쪼니, 그제서는 <u>감때사나운</u> 그 <u>대강이</u>에서도 피가 흐르지 않을 수 없다.

  나의 추측

  정확한 뜻

동백꽃

글짓기 시간

책동아리 모인 날
: 　　　년　　월　　일

원제: La Composición, 2001년

#군부 독재 #반독재
#감시 #칠레

글 안토니오 스카르메타
그림 알폰소 루아노
옮김 서애경
출간 2003년
펴낸 곳 미래엔아이세움
갈래 외국문학(사실주의 그림책)

나의 별점

이 책은 어땠나요?

완전 추천!　　괜찮아!　　조금 아쉬워!

이 책의 줄거리를 떠올려요

　주인공 페드로는 또래들과 축구하는 것을 가장 좋아하고, 가죽 축구공을 갖는 게 소원인 평범한 아이입니다. 어느 날, 페드로는 친구 다니엘의 아버지가 독재에 반대했다는 이유로 군인들에게 잡혀 가는 것을 목격해요. 저녁마다 '독재 타도'란 말이 흘러나오는 라디오 방송에 귀 기울이는 부모님 역시 독재를 반대한다는 걸 눈치 채고 고민에 빠집니다.

　학교에 찾아온 군인들이 아이들에게 글짓기를 시키는데, 제목이 '우리 식구가 밤마다 하는 일'이라네요. 페드로는 동심마저 정치적으로 이용하는 대장의 간계를 알아채고는, 반짝이는 재치로 위기를 벗어나는 글짓기를 마칩니다. 아슬아슬하게 전개되는 이야기는 암담함 속에서도 희망을 이야기합니다.

※ 이 책은 현재 절판된 책이에요. 해당 책을 도서관이나 중고 서점에서 구할 수 있습니다.

1. 페드로는 어떤 친구? 인물을 한 문장으로 묘사하기

《글짓기 시간》의 주인공 페드로는 어떤 아이인가요? 한 문장으로 묘사해 보세요.

2. 독재란 무엇일까? 주제 반영하여 개념 정의하기

내가 이해한 '독재'란 어떤 뜻인가요? 정의를 내려 보세요.

3. 중심 내용 이해하기

군인들이 학교에 와서 글짓기 시간을 만든 이유는 무엇일까요?

페드로가 쓴 글을 읽고 어떤 느낌이 들었나요?

페드로가 쓴 글에 거짓말이 있었나요? 무엇이었나요?

4. 뒷이야기 상상해서 써 보기

《글짓기 시간》이 어떤 이야기로 끝나면 좋겠나요? 뒷이야기를 상상해서 써 보세요.

그게 만약 너라면

책동아리 모인 날
:   년   월   일

원제: Bully, 2012년

#친구 관계 #따돌림
#사이버 폭력 #배려 #사랑

글·그림 패트리샤 폴라코
옮김 강인경
출간 2014년
펴낸 곳 베틀북
갈래 외국문학(사실주의 동화)

나의 별점
이 책은 어땠나요?
완전 추천!   괜찮아!   조금 아쉬워!

이 책의 줄거리를 떠올려요

　전학생 라일라는 공부와 운동 뭐든지 잘하는 아이입니다. 이 학교에서는 벨라, 엘렌, 티나 삼총사가 인기가 많아요. 라일라는 곧 벨라와 어울리게 되지만, 벨라가 친구들에게 악성 댓글을 다는 모습을 보고 벨라를 피하기 시작해요. 그러자 벨라와 다른 학생들은 라일라에게 사이버 폭력을 퍼붓지요. 시험지 도둑으로까지 몰린 라일라는 이제 어떤 선택을 해야 할까요?

1. 인물 파악하기

《그게 만약 너라면》의 주인공 라일라는 어떤 소녀인가요? 한 문장으로 묘사해 보세요.

벨라, 엘렌, 티나 삼총사는 어떤 아이들인가요?

벨라, 엘렌, 티나 삼총사는 왜 라일라를 친구로 받아들였을까요?

2. 내가 만약 라일라라면? 감정 이해하기

시험지를 훔친 누명을 쓰고 집단 따돌림을 당한 라일라의 마음은 어땠을까요?

내가 만약 라일라라면? 내가 만약 제이미라면? 내가 만약 이 학교의 다른 학생 중 한 명이라면? 하나를 골라 나라면 어떻게 행동했을지 생각해서 써 보세요.

3. 사이버 괴롭힘 신문 기사 읽고 주제 확장하기

이 책의 영문 제목은 《Bully》라고 해요. '약자를 괴롭히다, 왕따시키다, 약자를 괴롭히는 사람'이라는 뜻이에요.

• 다음 기사를 읽고 잘 모르는 낱말이나 표현에 형광펜으로 줄을 그어 보세요. 무슨 뜻일지 함께 얘기해 보아요.

"청소년 10명 중 3명 사이버 괴롭힘 겪어"
한국청소년정책연구원 실태 조사

청소년 10명 가운데 3명은 사이버불링(괴롭힘)을 당해봤다는 조사 결과가 나왔다. 한국청소년정책연구원이 전국 중고등학생 4천 명을 대상으로 조사하여 17일 발표한 '2014 한국청소년 사이버불링 실태조사'에 따르면 중고등학생의 27.7%가 "사이버불링 피해를 당한 경험이 있다"고 답했다. 피해 유형별로는 '온라인상 개인정보 유출'(12.1%)이 가장 많았고, '온라인게임을 통한 괴롭힘'(10.2%)이 뒤를 이었다. 반대로 응답자의 19.4%는 "사이버불링 가해 경험이 있다"라고 답했다.

성별에 따라서는 남학생들은 주로 온라인 게임 도중 괴롭힘을 당한 경우가 많았고, 여학생들은 사회관계망 서비스(SNS) 활용에서 피해당한 사례가 많았다. 사이버불링과 가족 관계의 측면에서는 사이버불링을 겪은 학생 집단이 그렇지 않은 집단보다 부모에 대한 애착과 신뢰가 낮게 나타났다. 사이버불링을 목격했을 때의 행동을 물은 결과 응답자의 절반(52.2%)이 "그냥 상황을 지켜봤다"고 답했다. 경찰에 신고하거나(2.2%) 교사에게 알리는 경우(3.0%)는 극히 드물었다.

(서울=연합뉴스) 이상현 기자

ⓒ 연합뉴스

• 학생들이 또래들끼리 사이버 괴롭힘을 하는 까닭은 무엇이라고 생각하나요?

• 우리 학교의 학생들 간에 사이버 괴롭힘이 일어나지 않게 하려면 어떻게 해야 할까요?

도서관에서 3년

책동아리 모인 날
: 　　　년　　월　　일

#도서관 #독서 #인생훈
#만남 #극복

글 조성자
그림 이영림
출간 2013년
펴낸 곳 미래엔아이세움
갈래 한국문학(판타지 동화)

이 책의 줄거리를 떠올려요

껄끄러운 친구랑 마주치지 않으려고 도서관 사물함 속에 숨었다가 감기약 기운 때문에 잠이 든 상아는 밤새 도서관에 갇히고 말았어요. 탈출이 어렵자 절망하다가 "바꿀 수 없을 땐 차라리 그 환경을 즐기라"는 할머니의 말씀을 떠올리고 생각의 전환을 하게 됩니다. 지난 3년간 읽었던 책 속의 주인공들을 만나게 되고요.

《안네의 일기》에 나오는 안네의 집으로 시간 여행을 하고, 감옥에 갇힌 소크라테스 할아버지와의 만남을 통해 조언을 얻고, 백남준 아저씨께 상상력에 날개를 다는 방법도 배웁니다. 다음 날 아침에 출근한 사서 선생님과 부모님을 만나면서 이야기는 끝이 나요.

1. 정독 테스트 `세부 정보 기억하기`

《도서관에서 3년》을 꼼꼼하게 읽었나요? 이 책의 주인공 차상아의 어머니, 아버지의 직업은 각각 무엇인가요?

어머니

아버지

2. 문장 뜯어 보기

상아가 도서관에서 잠이 깬 다음 장면이에요.
이 문장이 어색하게 느껴지나요? 왜 그런지 생각해 봅시다.

'나는 나쁜 생각을 털어 내려는 듯 얼른 도서관 입구로 달려갔다.'

3. 글의 형식 이해하기: 액자식 구성

액자식 구성이란?
사진이나 그림이 액자 속에 담겨 있는 것처럼, 전달하고자 하는 이야기를 다른 이야기 속에 집어넣어 표현하는 것이에요. 하나의 이야기 속에 또 하나의 이야기가 들어 있는 구성이지요. 이야기의 핵심 내용인 내부 이야기(안-이야기)와 이를 둘러싸고 있는 외부 이야기(겉-이야기)로 나눌 수 있어요.

- 이 책에 들어 있는 다른 책 이야기들은 무엇인가요?

WORK SHEET

4. 안네는 누구? 수집한 정보 요약하기

이 책을 읽고 《안네의 일기》의 주인공 안네에 대해 알게 된 것을 써 보세요.

5. 내가 책으로 만난 사람들 독서 경험 돌아보기

상아가 만난 도서관 친구들 중에서 지금까지 나도 읽었던 책의 인물이 있다면 이름을 써 보세요(87쪽). 모두 몇 명인가요?

상아가 만난 사람들

안네, 피터, 소크라테스, 백남준, 윤동주, 유관순, 찰리(찰리와 초콜릿 공장), 에밀(에밀은 사고뭉치), 렝켄(마법의 설탕 두 조각), 강아지(강아지똥), 건우(나쁜 어린이 표), 하영(벌렁코 하영이), 은지(엄마 몰래), 트리샤(선생님, 고맙습니다)

- 내가 책으로 만난 사람들:

총   명

6. 사전에서 단어 찾기

이 책에 나왔던 다음 낱말들은 무슨 뜻일까요? 뜻을 추측해 보고 돌아가면서 사전을 찾는 연습을 해 봅시다.

단어	사전 뜻풀이 / 짧은 글 짓기	찾는 데 걸린 시간
섬뻑		초
너스레		초
항거하다		초
어룽지다		초
통박		초

돈잔치 소동

책동아리 모인 날
:   년   월   일

#돈 #책임 #별명

글 송언
그림 윤정주
출간 2009년
펴낸 곳 문학동네
갈래 한국문학(사실주의 동화)

나의 별점

이 책은 어땠나요?

완전 추천!   괜찮아!   조금 아쉬워!

이 책의 줄거리를 떠올려요

　수표를 가진 윤지가 친구들에게 돈을 주고 심부름을 시키거나 그냥 나눠 주면서 돈 잔치를 벌였다네요. 아이들의 일기를 통해 그 사실을 알게 된 털보 선생님은 충격을 받고 아이들에게 돈이란 무엇인지 따끔하게 일러 주리라 마음먹어요. 별명만큼이나 개성도 가지가지인 아이들은 선생님이 묻는 말에 또박또박 고하기도 하고, 공짜로 돈을 주는데 안 받는 바보가 어디 있냐며 따져 묻기도 해요. 선생님은 돈을 받은 아이들에게 내일까지 모두 돈을 돌려주라고 하셨지요.
　3학년 1반 사고뭉치들은 궁리를 거듭해요. 심심해서 돈을 나눠 주었던 윤지도 친구들과 더불어 자신이 한 행동에 대해 나름대로 대가를 치릅니다. 돈을 한 푼 두 푼 모으는 과정을 통해 아이들은 돈이 가진 여러 얼굴과 마주하게 됩니다.

1. 토론이란 무엇일까? `토론 이해하기`

토론이란, 어떤 문제(주제)에 대해 여러 사람이 각각 의견을 말하며 논의하는 것을 말해요.

- 찬성과 반대의 입장으로 나뉘어 근거를 들면서 서로의 입장과 주장을 논리적으로 펼치는 말하기예요.
- 서로 말하는 순서나 시간을 규칙으로 지켜야 해요.
- 사회자가 있는 경우가 많아요.
- 가장 중요한 것은 상대가 말을 잘 들어야 한다는 것이랍니다!

2. 토론 연습해 보기

《돈잔치 소동》을 읽고 토론을 해 봅시다. 책에서 본 다음의 각 사건(주제)에 대해 나는 어떻게 생각하는지 써 보고 친구들과 토론해 보아요.

주제 1	한수연이 일기에 이윤지의 돈잔치 소동에 대해 써서 선생님께 알린 일
나의 첫 생각	
다른 친구들의 의견	
토론 후 달라진 나의 생각	

WORK SHEET

주제 2	3학년 1반 아이들이 특징별로 여러 별명으로 불리는 것
나의 첫 생각	
다른 친구들의 의견	
토론 후 달라진 나의 생각	

주제 3	털보 선생님이 이윤지의 돈잔치 소동을 해결하는 방법
나의 첫 생각	
다른 친구들의 의견	
토론 후 달라진 나의 생각	

WORK SHEET

주제 4	김 태권소녀의 어머니가 만 원을 주시며 대신 만 원어치 공부를 하라고(수학 점수 10점을 올리라고) 하시는 것
나의 첫 생각	
다른 친구들의 의견	
토론 후 달라진 나의 생각	

주제 5	황 고집불통이 이윤지에게 돈을 안 갚겠다고 하는 태도
나의 첫 생각	
다른 친구들의 의견	
토론 후 달라진 나의 생각	

주제 6	이윤지가 황 고집불통에게 오천 원을 주며 갚는 척해 달라고 한 것
나의 첫 생각	
다른 친구들의 의견	
토론 후 달라진 나의 생각	

주제 7	
나의 첫 생각	
다른 친구들의 의견	
토론 후 달라진 나의 생각	

톰 소여의 모험

책동아리 모인 날
:   년   월   일

원제: Adventures of Tom Sawyer, 1876년

#우정 #모험 #성장

글 마크 트웨인
편저 서울대학교 아동문학연구회
그림 아멜리 팔리에르
출간 2018년
펴낸 곳 삼성출판사
갈래 외국문학(소설)

이 책의 줄거리를 떠올려요

  공상을 좋아하는 악동 톰은 미시시피 강 기슭의 시골 마을 세인트 피터스버그에서 이모, 이복동생 시드와 함께 살아요. 톰은 담에 페인트칠을 하는 싫증나는 일을 재미나다는 듯이 해 보여서 다른 아이들에게 대신 시키고, 살인 사건에 개입하여 범인을 잡고 동굴의 보물찾기에도 나섭니다. 조용한 마을을 시끄럽게 만드는 천방지축 톰을 어른들이 곱게 볼 리 없지만, 그런 시선을 이겨 내고 스스로 친구를 사귀고 위기를 극복하기도 하며 즐겁고 꿋꿋하게 자신의 삶을 살아갑니다.

1. 내가 생각하는 톰은 주인공 평가하기

《톰 소여의 모험》은 소년 톰이 겪은 일들을 꾸며 쓴 소설이에요. 주인공 톰이 어떤 인물이고, 왜 그렇게 생각하는지 써 보세요.

2. 사건 요약하기

첫 장 '개구쟁이 톰'에서 동네 친구들이 톰 대신 울타리에 페인트칠을 하게 되죠. 어떻게 된 일인지 사건을 요약해서 써 보세요.

3. 이상한 사건, 무서운 사건 사건 골라 평가하기

	이 책에서 가장 이상했던 사건은 무엇인가요? 그 사건에 대한 생각을 한 문장으로 써보세요.	이 책에서 가장 무서웠던 사건은 무엇인가요? 그 사건에 대한 생각을 한 문장으로 써보세요.
사건		
생각		

4. 후속작 소개하기

여러분이 읽은 책은 마크 트웨인이 쓴 《톰 소여의 모험》의 분량을 줄이고 쉬운 표현으로 바꾸어 쓴 거예요. 고학년이 되면 원본을 그대로 번역한 《톰 소여의 모험》과 함께 《허클베리 핀의 모험》도 꼭 읽어 보세요. 이 후속작에서는 허크가 주인공이랍니다.

○ **톰 소여의 모험** | 마크 트웨인 글, 도널드 매케이 그림, 지혜연 옮김, 시공주니어, 2004
○ **허클베리 핀의 모험** | 마크 트웨인 글, 도널드 매케이 그림, 김경미 옮김, 시공주니어, 2008

마법 학교 대소동 1: 구구단을 외쳐라!

책동아리 모인 날
:   년   월   일

원제: Das magische Mal: Chaos in der Zauberschule, 2014년

#구구단 #곱셈 #수수께끼
#마법

글·그림 이나 크라베
옮김 김완균
감수 계영희
출간 2022년(개정판)
펴낸 곳 찰리북
갈래 외국문학(판타지 동화)

나의 별점

이 책은 어땠나요?

완전 추천!   괜찮아!   조금 아쉬워!

이 책의 줄거리를 떠올려요

카라추바 마법학교 2학년인 엘마와 한스, 클라리사는 마법의 주문 시간에 구구단을 배워요. 셋이 도서관 벽 틈새에서 발견한 오래된 마법의 석판은 아이들이 수수께끼를 모두 풀면 멋진 마법을 보여 주고, 포기하거나 실패하면 큰 벌을 주겠다고 하네요. 마법 석판은 아이들이 마법의 구구단을 외울 때마다 박쥐, 생쥐, 양, 돼지들이 나타나게 하는 소동을 일으켜요. 그 와중에 50년 전 어린 학생이었던 그림발디 교장 선생님이 이 석판으로 똑같이 소란을 일으켰던 사실이 밝혀집니다. 마법 감독위원회가 이 일을 조사한 후, 학교 폐쇄 결정이 내려져요. 그러나 한스의 기지로 오해가 풀리고, 아이들은 교장 선생님의 도움을 받아 끝까지 마법의 석판 수수께끼를 다 풀게 됩니다.

※ 이 책은 《마법의 구구단으로 학교를 구하라!》의 개정판입니다.

1. 이 책을 소개할게   책 소개하는 글 쓰기

《마법 학교 대소동 1: 구구단을 외쳐라!》를 재미있게 읽었나요? 이 책을 읽지 않은 친구에게 어떻게 간단히 소개할 수 있을까요? 다음 질문에 답해 보고 소개글을 네 문단으로 써 보세요.

- 클라리사와 한스는 어떤 아이들인가요? (관계, 학교, 학년 등)
- '마법의 구구단 주문'이란 무엇인가요?
- 마법 석판을 쓰면 어떤 일이 벌어지나요?
- 주인공 아이들은 어떻게 학교를 구했나요?

우리 반 친구들에게

　《마법 학교 대소동 1: 구구단을 외쳐라!》라는 책을 소개할게. 이 책의 주인공은 _____
_____
_____

　이 아이들이 시베리우스 선생님께 마법의 구구단 주문을 배우게 돼. 그 주문은 _____
_____
_____

　하지만 마법의 석판을 쓰면 더 엄청난 일이 벌어져. _____
_____
_____

　결국 학교가 폐쇄될 위기에 처해. _____
_____
_____

WORK SHEET

2. 나만의 마법 구구단 주문 시처럼 주문 만들기

1~10단 중에서 마음에 드는 곱셈 구구 한 단을 고르세요. 이 책의 주문을 바꾸어 나만의 마법 구구단 주문을 만들어 보세요. 주문이 통하면 무엇이 등장하나요?

마법의 구구단 주문

X 1 =
X 2 =

X 3 =
X 4 =

X 5 =
X 6 =

X 7 =
X 8 =

X 9 =
X 10 =

왕도둑 호첸플로츠

책동아리 모인 날
 :   년 월 일

원제: Der Räuber Hotzenplotz, 1962년

#도둑 #요정 #마법 #소원

글 오트프리트 프로이슬러
그림 요제프 트립
옮김 김경연
출간 1998년
펴낸 곳 비룡소
갈래 외국문학(판타지 동화)

이 책의 줄거리를 떠올려요

 독일의 시골 마을에서 활동하는 왕도둑 호첸플로츠와 그를 잡기 위한 경찰 딤펠모저 씨, 그리고 카스페를, 제펠 듀오의 활약을 그린 동화예요. 왕도둑 호첸플로츠는 주인공 할머니의 커피 가는 기계를 훔쳐 가요. 손자인 카스페를과 단짝 친구 제펠은 그것을 되찾으려고 도둑을 속일 작전을 짰지만 도리어 도둑에게 붙잡히고 말아요. 도둑은 카스페를을 마녀 츠마켈만에게 감자 깎는 머슴으로 팔아넘기고, 제펠을 머슴으로 부립니다. 카스페를은 마법에 걸려 두꺼비가 된 요정 아마릴리스를 구하고, 제펠과 함께 왕도둑을 잡고 커피 기계를 찾아 돌아오지요.

1. 단어 뜻 추측하기

오트프리트 프로이슬러 할아버지의 '호첸플로츠' 시리즈를 재미있게 읽었나요?
책을 읽을 땐 여러분이 아직 모르는 낱말도 나오지요. 그럴 때 어떻게 해야 할까요? 사전을 찾아서 낱말의 뜻과 쓰임새를 찾아볼 수도 있지만, 매번 그렇게 하면 시간도 오래 걸리고 읽는 재미가 덜해져요. 특히 내용의 흐름에 그리 중요하지 않은 낱말일 때는 더욱 그렇지요. 영어 같은 외국어로 된 책을 읽을 때도 마찬가지예요.

눈으로 읽을 때도 '유창성'이 중요하답니다. 우리 뇌는 모르는 낱말도 그 뜻을 헤아려서(추측) 이해할 수 있어요. 이때, 여러분이 낱말 일부를 알거나, 한자를 알고 있으면 추측하기가 더 쉽답니다. 우리말 단어의 절반가량은 한자어래요.

《왕도둑 호첸플로츠》에 나왔던 다음 낱말들은 무슨 뜻을 가지고 있을지 추측해서 줄을 그어 연결해 보세요.

| 언월도 • | • 총의 격발 장치의 하나. 방아쇠를 당기면 용수철이 늘어나 공이를 쳐서 뇌관을 폭발하게 하는 부분 |

| 전리품 • | • 세상에 널리 알림. 국가 기관이나 공공 단체에서 일정한 사항을 일반 대중에게 광고, 게시, 또는 다른 공개적 방법으로 널리 알림 |

| 공이치기 • | • 옛날 무기의 하나로 초승달 모양으로 생긴 큰 칼. 칼날은 끝이 넓고 뒤로 젖혀져 있고, 칼등은 두 갈래로 되어 있음 |

| 공고 • | • 전쟁 때에 적에게서 빼앗은 물품 |

| 사환 • | • 관청이나 회사, 가게 따위에서 잔심부름을 시키기 위하여 고용한 사람 |

2. 인물 성격 묘사하기

《왕도둑 호첸플로츠》에 등장하는 각 캐릭터의 간단히 성격을 묘사해 보세요. 이러한 성격은 2권, 3권에서도 그대로 이어져요.

호첸플로츠	
카스페를	
제펠	
카스페를의 할머니	
딤펠모저	

3. 사건 평가하기

카스페를은 요정 아마릴리스에게 마술 반지를 선물 받았어요. 이 반지를 돌리며 소원을 말하면 세 가지 소원을 이룰 수 있지요.
카스페를이 선택한 세 가지 소원은 무엇이었나요? 이 선택에 대해 어떻게 생각하는지, 나라면 어떤 소원을 세 가지 고를 것인지 써 보세요.

	카스페를의 소원 선택	카스페를의 선택에 대한 내 생각	나의 소원 선택
①			
②			
③			

페르코의 마법 물감

책동아리 모인 날
: 　　년　　월　　일

원제: Az igazi égszínkék, 1946년

#그림 #색 #하늘 #가난
#위로 #성장 #마법

글 벨라 발라즈
옮김 햇살과 나무꾼
그림 김지안
출간 2011년
펴낸 곳 사계절
갈래 외국문학(판타지 동화)

이 책의 줄거리를 떠올려요

　페르코는 어머니의 일을 돕느라 숙제를 못 하고 학교에서 늘 '게으름뱅이 자리'에 앉지만, 그림 솜씨와 그림에 대한 열정이 뛰어나요. 부잣집 아이 칼리에게 그림을 대신 그려 주는 대가로 그림 도구 상자와 도화지를 빌려 왔는데 파란색 물감이 없어져요. 도둑으로 몰린 페르코는 신비한 참하늘빛 꽃의 존재와 그것으로 파란색 물감을 만드는 비법을 알게 됩니다. 페르코가 좋아하는 소녀 주지에게 마법 물감으로 그린 그림을 선물하자, 주지는 그 그림의 특별함을 눈치채고 자신이 아끼는 물건과 바꾸지요. 물감의 비밀을 알게 된 칼리는 페르코의 물감을 아주 조금만 남겨 두고 가져 가요. 조금밖에 남지 않은 물감으로 페르코는 다락방 궤짝의 뚜껑 안쪽에 자신만의 하늘을 그립니다.

1. 내가 읽은 판타지 동화 문학 장르 이해하기

《페르코의 마법 물감》은 판타지 동화입니다. 아래 글을 읽어 보세요.

> 판타지(환상) 동화는 아동문학에서 큰 비중을 차지해요. 현실과 다른 초자연적인 소재나 대상, 사건이 중심이 되는 이야기예요. 환상의 수준은 높거나 낮아서 다양해요. 동물이 의인화되어 등장하는 정도를 낮은 수준의 판타지 동화라고 보기도 해요.
>
> - 전래동화의 시간·공간 배경은 '옛날 옛날 어느 산골에~' 처럼 모호하지만, 판타지 동화의 시간·공간 배경은 구체적이고 믿을 만합니다.
> - 전래동화의 등장인물은 선과 악이 분명하게 드러나는 전형적인 성격인 반면, 판타지 동화의 인물은 다양한 성격을 지니고 있어요.
> - 우화가 교훈적인 이야기라면, 판타지 동화는 인간의 감정을 반영하는 캐릭터들을 통해 등장인물을 자연스럽게 동일시하고 문제를 해결해 가는 과정에서 감동을 줍니다.
> - 전래동화의 주제는 권선징악, 해학과 유머 등으로 한정적인 반면, 판타지 동화는 인간 내면의 문제 등 다양한 주제를 다루고 있습니다.

- 그동안 책동아리 친구들과 읽은 책 중에 판타지 동화가 떠오르나요? 제목을 써 봅시다.

2. 판타지 요소 찾기

《페르코의 마법 물감》이 판타지 동화인 근거를 들어 보세요. 우리가 살고 있는 현실에서는 존재할 수 없는 인물, 일어날 수 없는 사건, 불가능한 시간·공간적 배경 등을 생각해서 가능한 한 많이 써 봅시다.

3. 행동 원인 설명하기

이 책은 판타지 동화이지만, 주인공 페르코의 행동과 생각은 아주 현실적입니다. 페르코가 한 행동의 바탕(원인)은 무엇일지 생각해서 써 보세요.

페르코의 행동/생각	왜 그랬을까?
주지의 어머니가 세탁비를 1펜게 덜 주셨지만, 그 사실을 말하지 않고 엄마에게 혼나며 매를 맞았다.	
친구들과 참하늘빛을 꺾으러 갔다가 들켰지만, 주지를 두고 달아나지 않았다.	
어린 성자처럼 대접받아 얻은 음식들을 집에 가져와서 '이름 없는 자선가'의 선물이라며 어머니께 드렸다.	
참하늘빛 얼룩이 있는 반바지를 벗고 긴바지를 입기 시작했다.	

학교에 간 사자

책동아리 모인 날
: 　　년　　월　　일

원제: Lion at School and Other Stories, 1985년

#학교 #친구 #모험 #여행 #상상

글 필리파 피어스
그림 캐럴라인 샤프
옮김 햇살과나무꾼
출간 2010년(개정판)
펴낸 곳 논장
갈래 외국문학(판타지 동화)

나의 별점
이 책은 어땠나요?
완전 추천!　괜찮아!　조금 아쉬워!

 ## 이 책의 줄거리를 떠올려요

〈학교에 간 사자〉는 학교 가기 싫어하는 여자아이를 태우고 학교로 간 사자가 함께 얌전하게 수업을 받고, 여자아이를 괴롭히는 남자아이를 혼내 주는 이야기예요. 〈무지무지 잘 드는 커다란 가위〉에서는 할머니 병문안을 못 가 화가 난 소년 팀이 뭐든 자를 수 있는 가위로 집안의 모든 물건을 잘라 버려요. 〈똘똘이〉는 외로움에 친구를 찾아 나선 똘똘이의 모험담이고, 〈깜깜한 밤에〉는 할아버지 집에서 혼자 잠을 자게 된 토티가 상상 속 동물과 하룻밤을 보내는 이야기예요. 이 외에 몸살기로 학교에 못 간 짐이 빨래를 더럽히고 도망치면서 일어난 소동을 다룬 〈도망〉, 새끼손가락을 구부리기만 하면 갖고 싶은 것이 날아오는 소녀의 이야기 〈구부러진 새끼손가락〉, 여름휴가를 맞아 놀러 간 별장에서 쥐덫으로부터 쥐를 구하기 위한 앤디의 노력을 담은 〈여름휴가 때 생긴 일〉, 동물원에서 만난 앵무새 이야기 〈안녕, 폴리!〉, 여행길에 들른 찻집에서 꼬마와 설리가 나눈 〈비밀〉이 실려 있어요.

1. 단편과 장편 구분하기 동화 형식 나누기

《학교에 간 사자》는 단편 동화집입니다. 장편(長篇) 동화는 내용이 길고 복잡한 이야기이고, 단편(短篇) 동화는 길이가 짧은 이야기예요. 이 책에는 필리파 피어스라는 한 작가의 단편 아홉 편이 묶여 있답니다. 그동안 책동아리 친구들과 읽은 책 중에서 장편, 단편 동화를 가려 볼까요?
장편 옆에는 '장', 단편 옆에는 '단'이라고 써 보세요.

싱잉푸, 오줌 복수 작전		도서관에서 3년	
생쥐 아가씨 (《생쥐 아가씨와 고양이 아저씨》 중에서)		의좋은 형제	
왕도둑 호첸플로츠		톰 소여의 모험	

2. 질문에 대답하기

《학교에 간 사자》에 실린 이야기들을 읽고 나서 다음의 각 질문에 답해 봅시다.
책을 읽을 때는 이야기에 잘 드러나 있는 내용을 이해하는 것도 중요하지만, 드러나지 않은 부분을 추측해서 이해하는 것도 필요하답니다.

〈무지무지 잘 드는 커다란 가위〉
팀이 화가 나서 집안의 모든 것을 가위로 잘라대는 장면을 읽을 때 기분이 어땠나요?

〈도망〉
도망을 치다가 길을 잃은 짐의 마음은 어땠을까요?

WORK SHEET

〈학교에 간 사자〉
사자는 왜 월요일에 학교에 돌아오지 않았을까요?

〈여름휴가 때 생긴 일〉
앤디는 왜 쥐덫을 몰래 없앴을까요?

〈똘똘이〉
똘똘이가 말의 생김새에 대해 몰랐던 이유는 무엇인가요?

〈깜깜한 밤에〉
토티가 잘 때 해우가 나타난 이유는 무엇일까요?

〈안녕, 폴리!〉
앵무새가 하는 인사말 '안녕, 폴리!'에서 폴리는 누구일까요? 상상해 보세요.

〈구부러진 새끼손가락〉
아빠는 주디의 새끼손가락에 대한 비밀을 알고 계셨을까요? 어떻게 된 일일까요?

〈비밀〉
이 이야기의 제목이 '비밀'인 이유를 설명해 봅시다.

3. 인기투표하기 단편 평가하기

이 책에서 가장 재미있었던 이야기와 가장 재미없었던 이야기를 뽑아 봅시다. 제목 옆에 '正' 자 표시를 해 보세요.

제목	재미있어요	재미없어요
무지무지 잘 드는 커다란 가위		
도망		
여름휴가 때 생긴 일		
똘똘이		
도망		
깜깜한 밤에		
안녕, 폴리!		
구부러진 새끼손가락		
비밀		

결과
가장 재미있었던 이야기:

가장 재미없었던 이야기:

도깨비가 슬금슬금

책동아리 모인 날
:   년   월   일

#도깨비 #호기심 #장난
#흉내 내는 말

글 이가을
그림 허구
출간 2022년(개정판)
펴낸 곳 북극곰
갈래 한국문학(전래동화·민담)

이 책의 줄거리를 떠올려요

　하나만 알고 둘은 모르는 도깨비 '하나', 씨름을 좋아해서 술 취한 아저씨와 한바탕 씨름을 하는 도깨비 '어영차', 말이 너무 많아 도깨비 마을에서 따돌림을 당하는 수다쟁이 도깨비 '와글와글', 만들기를 좋아하는 대장간 도깨비 '뚝딱', 물 도깨비 '출렁출렁', 옹기전 도깨비 '와장창'……. 각 도깨비의 정체성을 보여 주는 이름도 재미있지요? 어리석거나 순수하거나 집요한 익살꾼이자 장난꾸러기 악동 같은 도깨비들을 만날 수 있어요.

1. 단어 파악하기

〈하나밖에 모르는 도깨비 하나〉 이야기에 나오는 다음 단어들 중에서 내가 뜻을 아는 것과 설명할 수 있는 것을 찾아보세요.

	알고 있어요	설명할 수 있어요	내가 생각하는 단어의 뜻
			사전에 나온 단어의 뜻
쓸모	○ / ×	○ / ×	
동무	○ / ×	○ / ×	
헛간	○ / ×	○ / ×	
조화	○ / ×	○ / ×	
삼태기	○ / ×	○ / ×	

2. 안 보이는 부분 상상하기

〈하나밖에 모르는 도깨비 하나〉
- '돌쇠네 살림이 폈을 것 같다'는 무슨 뜻일까요? 저자는 왜 그렇게 예측했을까요?

- 돌쇠는 어떻게 되었을까요? 뒷이야기를 상상해서 말해 보세요.

〈씨름꾼 도깨비 어영차〉
- 노인이 씨름꾼 아저씨에게 가르쳐 준 '방법'은 무엇이었을까요?

- 어영차와 다시 씨름을 했을 때 상황을 상상해 보세요.

3. 원인과 결과 이해하기

〈수다쟁이 도깨비 와글와글〉에서 할머니는 왜 몸져눕게 되었을까요?
할머니는 어떻게 털고 일어나게 되었을까요?
빈칸을 채워 보세요.

⬇

할머니가 몸져누움

⬇

와글와글이 이사를 가서 다른 집에서 장난을 침

⬇

동네 아낙들이 할머니를 찾아 옴

⬇

⬇

할머니가 씻은 듯이 털고 일어남

4. 단어 연결하기

〈대장간 도깨비 뚝딱〉 이야기에는 옛날에 쓰던 물건이나 농기구, 대장간에서 필요한 물건이 등장합니다. 모양을 보고 이름과 연결해 보세요.

절구 •

도끼 •

쇠스랑 •

가마솥 •

낫 •

곡괭이 •

호미 •

모루 •

5. 표현 음미하기

• 〈물 도깨비 찰랑찰랑〉에 나온 물 도깨비 이름 중에서 가장 마음에 드는 건 무엇인가요? 하나 더 지어 보세요.

졸졸, 콸콸, 쏴아아, 철썩 차르르, 너울너울, 찰랑찰랑

내가 만든 물 도깨비 이름: _____

• 물 도깨비가 더 많이 있을 수 있는 곳의 순서로 늘어놓아 보세요.

시냇물, 강, 둠벙(웅덩이의 방언), 개여울(개울의 여울목), 폭포, 도랑(매우 좁고 작은 개울), 저수지, 바다

• 찰랑찰랑은 언젠가 사람이 될 수 있을까요? 사람이 되기 위한 준비물 중에서 구하기 가장 어려운 것은 무엇이라고 생각하나요?

6. 이야기 평가하기

〈한 가지 소원〉에서 사람들의 소원을 들어 준 도깨비 중 가장 일을 못한 건 누구인가요?

가장 잘한 건 누구라고 생각하나요?

만약 도깨비가 옆에 있다면, 나는 어떤 소원을 빌고 싶나요?

내가 읽은 책 베스트 5

책동아리에서 읽은 책을 포함해 그 동안 읽은 책 중에 가장 인상 깊었던 책을 다섯 권만 골라 책등에 책 제목을 적어 보아요. 왜 그 책을 골랐는지 이유도 짧게 적어 보세요.

저작권 사용 안내

책 표지 및 본문 일부 이미지

이 책에 사용된 표지 및 본문 이미지의 저작권은 모두 해당 책의 저작자와 출판사에 있으며,
저작권자의 허락을 받아 수록했습니다.
단, 일부 도서는 절판, 한국어 판권 계약 만료 등으로 인하여
미처 원 저작자의 양해를 구하지 못하고 수록한 경우가 있습니다.
해당 저작물의 저작권 소유주께서는 ㈜이퍼블릭 단행본팀 앞으로 연락 주시면 감사하겠습니다.

기사

133쪽 연합뉴스
yna.co.kr/view/AKR20140717094300005

책 표지 이미지 및 서지 정보 사용을 허락해 주신 출판사 관계자분들과
인터뷰 내용 게재를 허락해 주신 작가님들,
기사 사용을 허락해 주신 기자님들께 감사의 말씀을 드립니다.

사진

164쪽 낫
본 저작물은 '국립민속박물관'에서 작성하여 공공누리 제1유형으로 개방한 '낫 사진(민속 251)'을 이용하였으며, 해당 저작물은 'e뮤지엄(http://www.emuseum.go.kr/detail?relicId=PS01002001001000025100000)'에서 무료로 다운받으실 수 있습니다.

164쪽 호미
본 저작물은 '국립민속박물관'에서 작성하여 공공누리 제1유형으로 개방한 '호미 사진(소장품번호 민속 1192)'을 이용하였으며, 해당 저작물은 'e뮤지엄(http://www.emuseum.go.kr/detail?relicId=PS01002001001000119200000)'에서 무료로 다운받으실 수 있습니다.

초등 문해력이 탄탄한 아이의 비밀 1단계 | 저학년 추천

초판 1쇄   발행일   2023년 3월 6일

지은이   최나야 정수정
펴낸이   유성권

편집장   양선우
기획   정지현   **책임편집**   임용옥   편집   신혜진 윤경선
홍보   윤소담   디자인   박정실·박채원(내지)
마케팅   김선우 강성 최성환 박혜민 심예찬
제작   장재균   물류   김성훈 강동훈

펴낸곳   ㈜이퍼블릭
출판등록   1970년 7월 28일, 제1-170호
주소   서울시 양천구 목동서로 211 범문빌딩 (07995)
대표전화   02-2653-5131 | 팩스 02-2653-2455
전자우편   loginbook@epublic.co.kr
포스트   post.naver.com/epubliclogin
홈페이지   www.loginbook.com
인스타그램   @book_login

- 이 책은 저작권법으로 보호받는 저작물이므로 무단 전재와 복제를 금지하며,
  이 책 내용의 전부 또는 일부를 이용하려면 반드시 저작권자와 ㈜이퍼블릭의 서면 동의를 받아야 합니다.
- 잘못된 책은 구입처에서 교환해 드립니다.
- 책값과 ISBN은 뒤표지에 있습니다.

로그인 은 ㈜이퍼블릭의 어학·자녀교육·실용 브랜드입니다.

KC마크는 이 제품이 공통안전기준에 적합하였음을 의미합니다.
제조자명   ㈜이퍼블릭
제조국   대한민국
사용 연령   49개월 이상
주의 사항   책장에 손이 베일 수 있으니 주의하세요.
              던지거나 떨어트려서 다치지 않게 주의하세요.
              입에 넣거나 빨지 마세요.